dtv
premium

THOMAS HOHENSEE

GANZ EINFACH ZEIT HABEN

Wie Sie sich von allem
Überflüssigen befreien

Ausführliche Informationen über
unsere Autoren und Bücher
www.dtv.de

Bei dtv ist von Thomas Hohensee außerdem lieferbar:
Der innere Freund
Wie ich meine Angst verlor
Entspannt wie ein Buddha
Glücklich wie ein Buddha

Dieses Buch ist auch als eBook erhältlich.
www.dtv.de/dtvdigital

Originalausgabe 2016
© 2016 dtv Verlagsgesellschaft mbH & Co. KG, München
Vermittelt durch die Literaturagentur Altepost 2015,
Klaus Altepost, D 48477 Hörstel
Das Werk ist urheberrechtlich geschützt.
Sämtliche, auch auszugsweise Verwertungen bleiben vorbehalten.
Umschlaggestaltung: buxdesign, München, unter
Verwendung eines Fotos von plainpicture/Rudi Sebastian
Satz: Druckerei C.H.Beck, Nördlingen
Gesetzt aus der Thesis
Druck und Bindung: Druckerei Kösel, Krugzell
Gedruckt auf säurefreiem, chlorfrei gebleichtem Papier
Printed in Germany · ISBN 978-3-423-26132-6

INHALT

Alle Zeit der Welt	7
Die Vorteile	9
Lösungen finden	10
Coach dich selbst	12
Die Uhr tickt	13
Der Weg	15
Der Ausgangspunkt	21
Zu viel, zu wenig	22
Die Umkehrsignale	24
Land in Sicht	27
Eine Million Stunden	29
Warten oder handeln	31
Lösungen	37
Was ist wesentlich?	38
Die gute Fee	42
Wunder	44
Ausnahmen	47
Deine glücklichste Zeit	49
Eine einfache Rechnung	52
Die Not-to-do-Liste	54
Kreativität	56
Vorbilder	59
Kopfkino	63
Zusammenarbeit	66
Strategien für das Unwesentliche	69

Hindernisse	73
Das Zauberwort	74
Das neue ABC	79
Die Ohnmacht der Umstände	84
Die Tradition	88
Lernen	89
Die wahren Zeiträuber	92
Die anderen	95
Innere Antreiber	99
Muss?	101
Ja, aber	104
Prophezeiungen	105
Gier	107
Versuchungen	110
Trotzdem	112
Schritte	115
Trippeln oder rennen?	116
Die Ohnmacht der Gewohnheit	118
Optimierung	121
Lizenz zum Glücklichsein	125
Alles ist möglich	127
Oder lieber so?	131
Literatur	137

ALLE ZEIT DER WELT

Glauben Sie, dass Ihr Tag 48 Stunden haben müsste, damit Sie all Ihre Aufgaben erledigen könnten?

Finden Sie, dass die Zeit rast und das Leben viel zu kurz ist?

Zweifeln Sie daran, dass Sie hundertprozentig so leben können, wie Sie es eigentlich gerne möchten?

Dann ist dieses Buch genau das Richtige für Sie.

Sie werden nämlich alle Zeit der Welt haben, wenn Sie anfangen, die Vorschläge umzusetzen, die Sie hier finden. Und es ist nicht so, dass Sie sich stur an meine Empfehlungen halten müssen. Im Gegenteil: Mein Ziel ist, dass Sie Ihren eigenen, höchstpersönlichen Weg entdecken, der Sie von Hektik und Zeitnot befreit.

Im ersten Kapitel schauen wir uns die verschiedenen Formen des Zeitstresses an. Millionen Menschen leiden darunter, dass sie zu viel zu tun haben. Ihnen fehlt die Zeit für sich selbst. Ihre eigenen Bedürfnisse, Wünsche und Träume bleiben auf der Strecke oder werden auf den Sankt-Nimmerleinstag verschoben.

Allerdings stehen im Zentrum des Buches nicht die Probleme, sondern die Lösungen: solche, die ich Ihnen vorschlage, weil sie sich bei vielen anderen bewährt haben, und solche, die Sie mithilfe der Fragen, die ich Ihnen stelle, selbst finden werden.

Lösungen sind eine tolle Sache. Leider bleiben sie meist Theorie. Vor den Erfolg haben die Götter den Schweiß gesetzt. Was? Soll das etwa heißen, dass Sie noch mehr zu tun bekommen? Keineswegs, aber Sie werden Ihr Denken, Fühlen und Handeln ändern müssen, damit Sie in den Genuss eines entspannten, glücklichen Lebens ohne Zeitdruck und Hetze gelangen. Eigentlich logisch; denn wenn Sie so weitermachen wie bisher, wird auch in Zukunft nur das passieren, was Sie schon so gut kennen.

Jeder Mensch bekommt täglich 24 Stunden. Was wir daraus machen, ist unsere Sache. Wir können uns so viel aufladen, dass wir zusammenbrechen, oder unser Leben in die Hand nehmen und uns bewusst machen, dass allein wir bestimmen, was wir tun und lassen.

Es ist nicht leicht, diese Einsicht in ihrer ganzen Tragweite zu begreifen und dann auch noch danach zu handeln. Sonst hätten Sie Ihrem Leben längst eine neue Richtung gegeben. Aber es ist möglich. Das haben zahlreiche Menschen vor Ihnen unter den schwierigsten Umständen bewiesen. Wenn die es geschafft haben, können Sie das auch!

Der Weg zu einem Leben voller Zeit, Lust und Freude beginnt mit einem ersten Schritt. Der kann so klein sein, dass es ganz einfach ist, ihn zu gehen. Deshalb heißt das Buch »Ganz einfach Zeit haben«. Und viele kleine Schritte führen Sie genau dahin, wo Sie schon immer sein wollten.

Alle Zeit der Welt

Das Buch ist kurz. Die Lösungen sind nicht kompliziert, die Schritte machbar.

Und worin besteht nun der allererste Schritt? Im Weiterlesen, Seite für Seite. Dadurch eröffnet sich Ihnen eine neue Welt, ein neues Zeitverständnis. Ich wünsche Ihnen viel Spaß dabei!

Die Vorteile

Lassen Sie uns davon träumen, wie schön es wäre, alle Zeit der Welt zu haben.

Was würde dies für Sie bedeuten? Vielleicht gehört einiges von Folgendem dazu:

Sie wachen morgens auf und freuen sich auf den Tag. Kein Stress, keine Hetze stehen Ihnen bevor. Einfach nur Dinge, die Ihnen Spaß machen und die Sie in aller Ruhe erledigen können. Ohne zu trödeln und mit einem guten Gefühl stehen Sie auf.

Sie haben endlich Zeit für das Wesentliche. Nicht das, was andere Ihnen vorschreiben, steht auf Ihrem Zettel, nicht die endlosen, ermüdenden Verpflichtungen, sondern das, was Ihnen am Herzen liegt, was Ihrem Leben Sinn und tiefe Zufriedenheit gibt.

Sie brauchen keine Ersatzbefriedigungen wie zum Beispiel sinnfreies Shoppen, Frustessen oder Drogen aller Art mehr und halten sich nicht mit Nebensächlichkeiten auf; denn Sie wissen, was Ihnen wichtig ist.

Sie haben gelernt, alle inneren und äußeren Hindernisse

aus dem Weg zu räumen. Nichts kann Sie aufhalten, Ihr Leben so zu leben, wie Sie es lieben.

Sie arbeiten gerne. Genau genommen empfinden Sie Ihre Arbeit überhaupt nicht mehr als solche; denn dazu haben Sie viel zu viel Spaß an dem, was Sie tun und womit Sie Ihr Geld verdienen. Vorbei die Zeiten, als Sie sich zur Arbeit schleppen mussten und nur die Aussicht auf den Feierabend, das Wochenende und den Urlaub Sie aufrecht halten konnte.

Zu dem Überflüssigen, von dem Sie sich befreit haben, gehören vielleicht auch einige Beziehungen, Freundschaften, die keine waren, Menschen, die Ihnen Ihre Energie geraubt haben. Jetzt sind Sie mit Personen zusammen, die Ihnen Kraft geben, deren Gegenwart Sie Augenblick für Augenblick genießen.

Zu schön, um wahr zu sein? Das denkt man leicht, wenn man mitten im Schlamassel sitzt. Lassen Sie sich davon nicht entmutigen. Sie werden staunen über die Lösungen, die Sie finden.

Lösungen finden

Viele Bücher beschreiben ausführlich, wie Zeitprobleme aller Art zu lösen seien: Aufgabenlisten erstellen, Arbeiten nach Wichtigkeit ordnen, Pläne machen, Termine festlegen, Selbstdisziplin entwickeln und To-do-Listen gewissenhaft abarbeiten.

Damit das Ganze nicht zu stressig wird, soll man zusätzlich für eine »Work-Life-Balance«, also einen angemessenen Ausgleich zwischen Arbeit und Freizeit sorgen. Überhaupt sei es wichtig, sich Zeit für Pausen zu nehmen und das Leben zu entschleunigen.

Den meisten helfen Ratschläge dieser Art wenig. Noch immer quälen sie sich durch den Alltag. Sie geben sich alle Mühe, den Tag zu planen, aber dann kommt es doch anders. Entweder reicht die Selbstdisziplin nicht (dann hält man sich auch noch für einen hoffnungslosen Fall!), oder die äußeren Umstände machen es einem schwer und man meint, es bliebe nichts anderes übrig, als allem hinterherzuhecheln.

Frustriert macht man weiter wie bisher. Vielleicht klappt es ja doch noch, sagt man sich. Aber am Ende stellt man fest, dass es auf diese Weise einfach nicht gelingen will, egal wie sehr man sich anstrengt.

An dieser Stelle will ich noch nicht verraten, wie Sie es trotzdem schaffen, alle Zeit der Welt zu haben. Nur so viel: Kalender und Aufgabenlisten sind allenfalls nützliche Hilfsmittel. Disziplin ist der falsche Ansatz, wenn man ein glückliches Leben führen will; denn wieso sollte man sich zwingen, Dinge zu tun, die man liebt?

Zeit ist Leben. Wir sind auf dieser Welt, um herauszufinden, wie wir am glücklichsten sein können. Darum geht es.

Coach dich selbst

»Ganz einfach Zeit haben« bietet Ihnen Antworten, die Sie bisher noch nirgendwo gefunden haben. Wie auch? Denn es sind Ihre eigenen. Ich mache Sie lediglich auf bestimmte Punkte aufmerksam und stelle Ihnen Fragen. Die Antworten geben Sie selbst. Die Beispiele, die ich nenne, dienen der Illustration. Sie müssen sie nicht befolgen, sondern können sich zu eigenen Ideen inspirieren lassen.

Niemand weiß besser als Sie, was Sie mit Ihrer Zeit anfangen möchten. Kein anderer kann Ihnen genauer sagen, wie Sie Ihre Ideen, Träume und Herzenswünsche in die Tat umsetzen wollen. Sie selbst haben das größte Verständnis für Ihre Schwierigkeiten, zugleich weiß niemand so gut, damit fertigzuwerden, wie Sie.

Leider bekommt man normalerweise keine Anleitung, wie man sich selbst coachen kann. SportlerInnen lernen es manchmal von Ihren TrainerInnen. ManagerInnen leisten sich Coachs, um Spitzenleistungen zu erzielen oder Situationen aufzulösen, in denen sie feststecken.

Die meisten aber haben bestenfalls eine FreundIn, mit der sie ab und zu reden können. Von ihnen erhalten Sie vielleicht Rat und Trost. Aber allzu oft bleibt nur ein Klagelied darüber, wie stressig es beruflich und privat zugeht.

Manche bezweifeln, dass man mithilfe eines Buchs seine Probleme lösen kann. Ganz zu Unrecht! Viele TherapeutInnen empfehlen Ihren KlientInnen Bücher, damit sie lernen, ihre Schwierigkeiten aus eigener Kraft zu überwinden. Tausende bereichern ihren Speiseplan mit Rezepten, die sie in

Kochbüchern finden. Andere bringen sich Yoga, Sprachen oder Tapezieren mit Büchern bei.

Fast alle erfolgreichen Menschen lesen viel, und zwar nicht, um sich zu unterhalten oder abzulenken, sondern um ihre Fähigkeiten zu erweitern. Mangelnde Bildung gilt als Hauptgrund für Fehlentwicklungen. Das wird häufig übersehen.

Selbst das klügste Buch bringt einem nur dann etwas, wenn man es zu Ende liest. Aber das ist nur die Minimalvoraussetzung. Die Magie liegt nicht im Kaufen, auch nicht im Lesen, sondern in der Anwendung. Nehmen Sie sich also die Zeit, dieses Buch in Ruhe zu studieren und sich mit den Fragen zu beschäftigen. Paradoxerweise müssen Sie Zeit investieren, um mehr Zeit zu bekommen. Das ist aber bei einem Fitnessprogramm genauso. Sie müssen Energie hineinstecken, um mehr Kraft zu gewinnen.

Damit es für Sie so leicht wie möglich wird, ist dieses Buch kurz. Es wäre geradezu widersinnig, für jemanden, der wenig Zeit hat, ein langes Buch zu schreiben. Sie wollen sich doch von allem Überflüssigen befreien, oder?

Die Uhr tickt

Ich kann verstehen, wenn Sie Ihren Stress lieber heute als morgen los wären. Es ist unangenehm, ständig unter Zeitdruck zu stehen, Dinge erledigen zu müssen, die man hasst, und dafür anderes, das man liebend gern sofort täte, immer wieder aufzuschieben.

Doch sind die meisten Ihrer Probleme nicht über Nacht entstanden. Genauso wenig verschwinden sie schnell wieder. Veränderungen brauchen Zeit.

Anders als andere Autoren werde ich Ihnen nicht vorschlagen, sich vorzustellen, dass heute Ihr letzter Tag sei und Sie sich überlegen sollten, wie Sie ihn verbringen wollen. Ja, die Uhr tickt. Das ist aber kein Grund, nervös zu werden, und extreme Gedankenspiele zu veranstalten.

Neulich las ich von einer Person, die sich ausmalte, was Sie tun würde, wenn sie nur noch 37 Tage zu leben hätte. Fragen Sie mich nicht, warum ausgerechnet 37. Jedenfalls half es ihr, und sie blieb dabei.

Für einige mag das eine gute Strategie sein. Aber sie kann auch gründlich danebengehen. So geschehen, als ein Arzt einer schwerkranken Patientin sagte, ihr bliebe nur noch ein Jahr. Daraufhin verkaufte sie ihr gesamtes Hab und Gut und trat eine zwölfmonatige Weltreise an. Danach war sie geheilt. Es ging ihr besser denn je. Leider war sie nun vollkommen mittellos.

Im Allgemeinen ist es deshalb besser, nichts zu übereilen und langfristig zu planen. Die durchschnittliche Lebenserwartung liegt bei knapp 80 Jahren. Lassen Sie sich also Zeit. Das Leben ist ein langer, ruhiger Fluss. So ist es wenigstens gemeint. Es macht keinen Sinn, sich zu hetzen, um die Eile zu besiegen.

Der Weg

Drehen wir das Ganze doch einfach mal um. Was muss man tun, um unter Zeitnot und Hetze zu leiden? Wie stellt man es am besten an, die Zeit mit Aktivitäten zu verschwenden, die einem eigentlich nichts oder wenig bedeuten? Worauf kommt es an, wenn man so gut wie möglich vermeiden möchte, seine Tage mit dem zu verbringen, was einem am Herzen liegt?

Ohne Anspruch auf Vollständigkeit würde ich Ihnen in diesem Fall Folgendes empfehlen:

- Setzen Sie sich mehr Ziele, als Sie jemals in Ihrem Leben schaffen können.
- Versuchen Sie, die Supermutti, der Superpapi, der perfekte Partner und die ideale Schwiegertochter zu werden. Sobald jemand aus Ihrer Familie etwas von Ihnen will, sind Sie sofort zur Stelle.
- Gleichzeitig streben Sie eine steile Karriere an, setzen sich mit aller Kraft dafür ein, beruflich voranzukommen, und scheuen dabei auch keine Überstunden.
- Aber auch wenn es nicht die große Karriere werden soll: Es gibt genug nervige Jobs da draußen, mit denen man sich das Leben verleiden kann. Mehr Arbeit für weniger Geld ist gerade modern. Einfach widerspruchslos in diese schöne, neue Welt eintauchen.
- Ehrenamtliche Tätigkeiten? Selbstverständlich! Widmen Sie sich zusätzlich intensiv der Mitarbeit in gemeinnützigen Vereinen und Organisationen, möglichst in Führungspositionen.
- Vergessen Sie nicht, sich darüber hinaus politisch und ge-

sellschaftlich zu engagieren. Die reine Mitgliedschaft in einer Partei reicht dafür natürlich nicht aus. Lassen Sie sich mindestens als Delegierte aufstellen. Besuchen Sie Informations- und Diskussionsveranstaltungen und bilden Sie sich politisch ständig fort.

- Das Kulturelle dürfen Sie neben Familie, Beruf, Ehrenamt und Politik keineswegs vernachlässigen. Theater, Oper, Kino, Ausstellungen, Vernissagen, Lesungen: Seien Sie überall dabei.

- Das genügt noch nicht. Sie müssen auch selbst künstlerisch aktiv werden. Beginnen Sie Ihren ersten Roman, kaufen Sie sich Leinwand und Farben, Tonmasse und einen Brennofen. Wie wäre es mit einer Videokamera oder wenigstens einem Fotoapparat. Es ist doch gar nicht so schwer, heute einen Kurzfilm zu produzieren oder künstlerisch anspruchsvolle Bilder aufzunehmen!

- Denken Sie daran, zu reisen. Aber bitte nicht vier Wochen nach Wanne-Eickel, weil dort Ihre Tante wohnt. Infrage kommen für Sie nur Fernreisen: Madagaskar, Ecuador, die Anden, einmal quer durch die USA oder eine Kreuzfahrt in der Karibik. Oder doch gleich den Segelschein und mit einer Crew um die Welt?

- Damit Sie nicht schlappmachen, treiben Sie regelmäßig Sport: fünfmal die Woche Fitnesscenter, am Wochenende Langlauf im Stadtpark. Dazu noch ein bisschen Yoga oder eine dieser neuen, exotischen, jährlich wechselnden Gymnastiken. Sie wollen ja nicht von gestern sein.

- Und was möchten Sie in Ihrer Freizeit machen? Endlich mal das Haus renovieren, den Garten neu gestalten, kochen und backen für ein paar Gäste, nur der innerste Kreis, also für fünfzehn Personen. Oder mal auf dem Sofa liegen und die Filme sehen bzw. die Alben hören, die sich in den letzten Jahren so angesammelt haben? Kein Problem: einfach machen!

- Sie erweitern ständig Ihren Freundeskreis. Und die Liste Ihrer zur Zeit (gefühlt) tausend engsten Kontakte telefonieren Sie sowieso mindestens einmal die Woche durch. Sie möchten ja auf dem Laufenden bleiben, was die anderen so treiben.
- Außerdem sind Sie leidenschaftliche NetzwerkerIn. Das bedeutet, Sie pflegen die Beziehungen, die Sie auf Meetings, Kongressen und bei all Ihren anderen Aktivitäten angebahnt haben. Sie gehen nie allein essen und nutzen jede Pause, einfach mal bei jemandem »hallo« zu sagen. Der Erfindung des Smartphones sei Dank! So können Sie auch in Bus und Bahn (und im Auto, na ja, na ja, soll man ja eigentlich nicht, aber machen die anderen ja auch) immer in Verbindung bleiben.
- Ihren Haushalt organisieren Sie dynamisch. Entweder delegieren Sie an Ihre Haushälterin, Haushaltshilfe, PartnerIn, Kinder oder Ihren Privatsekretär. Haben Sie nicht? Dann eben die Reinigung, den Lieferservice und die Heinzelmännchen. Problematisch ist nur, wenn die krank werden oder in Urlaub sind. Dann müssen Sie eben mal improvisieren: Oma, Opa, Freundin, Nachbar, Au-pair, oder wer auch immer infrage kommt. Geht schon.
- Sollten Sie wirklich mal schlappmachen: einfach zum Arzt gehen. Der hat bestimmt etwas in der Schublade, was Sie wieder auf Trab bringt. Wenn das Herz nicht

mehr will: Batterie einbauen lassen! Stimmung im Keller: Antidepressivum (wumm, schon ist die gute Laune zurück)! Burn-out: Sie doch nicht! Und wenn, dann finden Sie schon ein Selbstoptimierungsprogramm, das die Erfüllung Ihrer Ansprüche ermöglicht. Nie aufgeben!

- Oder eine Prise von diesem weißen, super wach machenden Pulver? Erhältlich beim Dealer Ihres Vertrauens. Psst, illegal. Kommt aber in den besten Kreisen vor. Bringt verbrauchte Energie sofort zurück. Sonst eben die leckeren Drinks aus der Dose, die Ihnen in Nullkommanix Flügel oder magische Kräfte verleihen.
- Schlafen und Ausruhen sollten Fremdworte für Sie sein. Machen Sie die Nacht zum Tag, dann haben Sie zwei Tage innerhalb von 24 Stunden. Wenn's unbedingt sein muss, vielleicht ein Powernap zwischendurch (hieß früher Nickerchen, aber ich bitte Sie, wie klingt das denn?).
- So, und wenn jetzt jemand kommt und Ihnen (wie ich) erzählen will, dass es auch anders geht, dann erklären Sie einfach das Gegenteil. Sie sind Opfer der Umstände, Ihrer Gewohnheiten, Ihres Gehirns, Ihrer Vergangenheit, Ihrer Gene und Hormone. Nichts zu machen. Alternativen ausgeschlossen! Der Mensch ändert sich eben nicht. Wieso Sie?
- Sagen Sie, dass Sie keine Wahl haben. Sie müssen das, was Sie jetzt tun, fortsetzen bis in alle Ewigkeit. Na gut: bis zur Rente. (Aber Rentner haben ja bekanntlich auch keine Zeit.) Oder bis Sie mit 55 ausgesorgt haben. Dann liegen Sie nur noch am Pool und zählen die Wolken. Könnte langweilig werden, aber dafür gibt es ja Golf.

Alle Zeit der Welt

Genug von diesem Albtraum. Erkennen Sie sich in diesem Bild wieder? Da es sehr zugespitzt ist, wahrscheinlich nur in Teilen. Aber das ist schon schlimm genug. Wenn Sie keines dieser Probleme hätten, würden Sie sich kaum für dieses Buch interessieren. Oder gehören Sie zu denen, die in ihrer Freizeit gerne Bücher über Zeitmanagement lesen? Nur so zum Spaß?

Für diejenigen, aber auch für alle anderen, möchte ich sagen, dass ich vorhabe, in diesem Buch keine Tipps zu geben, wie Sie Ihren nervigen Alltag irgendwie besser bewältigen oder strukturieren, ohne etwas grundsätzlich ändern zu müssen. Von diesen Wasch-mir-den-Pelz-aber-mach-mich-nicht-nass-Ratgebern gibt es für meinen Geschmack schon zu viele.

Vielmehr möchte ich Ihnen, ausgehend von dem Satz: Zeit ist Leben, Wege eröffnen, um so zu leben, wie Sie sich das als Kind vielleicht einmal erträumt haben. Falls Sie Ihre Wünsche wie die meisten vergessen haben oder die Phase irgendwie verpasst haben, macht das nichts. Sie bekommen hier die Gelegenheit, (wieder) zu träumen.

Wie möchten Sie leben?

Um nicht weniger als diese Frage geht es in diesem Buch. Wie möchten Sie Ihre Zeit verbringen, jeden Tag, jede Woche, jeden Monat, jedes Jahr, bis ans Ende Ihrer Tage?

Was hindert Sie daran?

Das ist die nächste wichtige Frage. Dabei möchte ich aber auf keinen Fall stehen bleiben. Zwar bringt es einen durchaus weiter, sich bewusst zu machen, was genau einem im

Weg steht, so zu leben, wie man es sich erträumt. Aber das ist allenfalls die halbe Miete.

Ein Tipp vorweg an dieser Stelle: Es sind nicht die anderen! Es sind auch nicht die Umstände! (Teufel auch, was ist es dann?) Jedenfalls hilft einem die Kenntnis der Hindernisse allein nicht weiter. Erst die Antwort auf die dritte Frage bringt Sie auf die richtige Spur:

Wie schaffen Sie es trotzdem?

Welche Wege stehen Ihnen offen, obwohl andere versperrt sind? Aus eigener Erfahrung, aber auch aus meiner Arbeit als Life Coach, kann ich Ihnen versichern, dass Sie früher oder später dahin kommen, wo Sie hinwollen, vorausgesetzt, dass Sie wild entschlossen sind. Mit einer halb garen Motivation kommt man nicht weit.

Und schließlich die schwierigste Frage:

Was tun Sie dafür?

Möglichkeiten gibt es viele. Aber sobald es darum geht, sie in die Realität umzusetzen, trennt sich die Spreu vom Weizen. Alle Halbmotivierten hören an diesem Punkt auf, sofern Sie nicht schon angesichts der vielen Hindernisse aufgegeben haben. Die innere Einstellung macht den Unterschied. Deshalb wird dieses Thema neben der Zielsetzung den größten Raum in diesem Buch einnehmen.

DER AUSGANGSPUNKT

Für jedes Problem gibt es eine Lösung, meist sogar mehrere. Umgekehrt stimmt es ebenfalls: Für jede Lösung gibt es ein Problem. Was also ist das Problem, wenn die Lösung »ganz einfach Zeit haben« heißt?

Viele klagen heute darüber, dass die Zeit knapp ist. Der Tag aber hat immer noch 24 Stunden. Was also ist passiert? Die Eile hat zugenommen. Das eine folgt aus dem anderen: Ist die Zeit knapp, versucht man, schneller zu machen, damit sie doch reicht.

Aber das ist nicht alles. Immer mehr Menschen fragen sich, ob ihr Tun eigentlich sinnvoll ist. Lohnt sich der Aufwand wirklich? Solange man durch die Gegend hetzt, kommt man nicht dazu, zu überlegen, ob man noch auf Kurs ist. Wo wollte man überhaupt hin?

Geht man gut mit seiner Zeit um? Schließlich ist sie endlich. Deshalb sollte man sie nicht mit Nebensächlichkeiten verschwenden. Was ist wesentlich? Worauf kommt es mehr als alles andere an?

Zeitmanagement bedeutet einen guten Umgang mit seiner Zeit und nicht, mit irgendwelchen Tricks noch mehr

Leistung aus sich herauszupressen, um Ansprüche zu erfüllen, die sowieso nicht die eigenen sind.

Carpe diem: Nutze den Tag. Nutzen Sie Ihre Tage?

Zu viel, zu wenig

Mehr, größer, schneller: Davon erhoffen sich viele das
Glück. Das Leben hat sich nachweislich in den letzten Jahr-
zehnten beschleunigt. Richard Wiseman, ein britischer Psychologe, hat gemessen, dass die Menschen weltweit in den
Metropolen heute schneller gehen als früher.

Aber man braucht eigentlich keine wissenschaftlichen
Untersuchungen darüber. Man sieht es auch so. Wer geht
überhaupt noch zu Fuß? Die Fortbewegung findet meist
motorisiert statt. Oder wenigstens mit dem Fahrrad. Mit
dem Skateboard, mit dem Roller, mit irgendetwas. Haupt-
sache, schneller als zu Fuß.

Quillt Ihre Wohnung oder Ihr Haus auch über von Sachen? Oder sagen wir lieber gleich: Gerümpel. Entrümpeln
ist nämlich eines der gefragtesten Ratgeberthemen geworden. Sich von Überflüssigem befreien, betrifft nicht nur die
Zeit, sondern auch den Raum. Die Zimmer, Keller, Böden:
Alles ist so wahnsinnig voll geworden. Warum? Weil mehr
besser zu sein scheint. Deshalb kauft man nicht eine Hose,
sondern (im Laufe der Zeit) Dutzende. Dann braucht man
mehr Schränke. Ja, und dann? Dann wird es langsam eng in
der Hütte.

Die Älteren werden sich erinnern: Eine »große« Flasche

Limonade, das war in den 1960er-Jahren 0,5 l Inhalt. Salzstangen wurden in 125-g-Tüten verkauft. Das heißt, man trank ein kleines Glas Limonade und aß ein paar Salzstangen. Mehr gab es an einem Abend nicht. Dann kamen die 1-l-Flaschen und die 250-g-Tüten. Inzwischen sind wir bei 1,5-l-Flaschen und der Doppeltüte mit 500 g.

Ob das bereits das Ende der Entwicklung ist? Wohl kaum; denn größer ist offensichtlich besser. Wir warten auf die Jumbolimonadenflasche mit 2,5 l und die 1-Kilo-Salzstangen-Familien-Spar-Trommel. (Parallel zu den Limonadenflaschen und den Salzstangentüten wurden übrigens auch die Bäuche größer. Ob da ein Zusammenhang besteht, wurde aber meines Wissens noch nicht wissenschaftlich untersucht.)

Und da man all die CDs, DVDs und Bücher irgendwann auch mal hören, sehen und lesen muss, wird die Zeit knapp. Hunderte von Radio- und Fernsehstationen ringen um unsere Aufmerksamkeit. Die zahlreichen beruflichen und privaten SMS und E-Mails warten auf eine Antwort. In den großen, inzwischen aber auch in den kleineren Städten ist so viel los. Sport, Spiel, Spannung überall. Jahrmärkte, Musikfestivals, Marathonläufe: Ein Event jagt das nächste.

Wenn da nicht die Arbeit wäre ... Und der Haushalt ... Wer soll das bloß alles schaffen, bitte schön? Dass dabei der eine oder andere nicht mehr weiß, wo ihm der Kopf steht, überrascht nicht. Eigentlich erstaunlich, dass dieses System nicht schon längst zusammengebrochen ist. Die Brüche und Risse werden allerdings immer sichtbarer.

Dem Zuviel steht notwendigerweise ein Zuwenig gegenüber. Zu viele Sachen, zu wenig Platz. Zu viel Arbeit, zu wenig Privatleben. Zu viele Pflichten, zu wenig Spaß. Und schließlich: zu viel Hetze, zu wenig Muße; zu viel zu tun, zu wenig Zeit.

Mehr Aktivitäten führen zu mehr Zeitproblemen. Eile, Hetze, Zeitnot. Zuhause, bei der Arbeit, in der Freizeit. Die freie Zeit ist auch nicht mehr, was sie mal war; denn sie ist restlos verplant. Wo bleibt eigentlich die Zeit zum Leben? Oder ist es das schon? Ist dieser Irrsinn wirklich das Leben?

Die Umkehrsignale

Wer innerlich noch nicht völlig tot ist, empfindet ein Unbehagen gegenüber Zeitnot und Hetze. Dieses ist jedoch unterschiedlich stark ausgeprägt. Bei einigen tritt lediglich ein vages Gefühl der Unstimmigkeit auf, während andere massiv unter Burnout oder ähnlich schweren Symptomen leiden. Die meisten befinden sich irgendwo zwischen diesen beiden Punkten.

Viele meinen, zur Verbesserung ihrer Situation müssten ausschließlich die Symptome bekämpft werden. Oder aber sie halten sich für nicht widerstandsfähig genug und beschäftigen sich mit den Möglichkeiten, ihre Resilienz zu steigern.

Beide Strategien greifen zu kurz. Die Symptome zu bekämpfen, ist eine Strategie, die auch in anderen Bereichen oft als Erstes und Einziges eingesetzt wird, zum Beispiel bei Krankheiten. Schmerzen werden regelmäßig mit Tabletten und Spritzen beseitigt, was die Betroffenen natürlich zunächst als Wohltat empfinden. Langfristig führt diese Methode jedoch nicht selten zu Schäden, die über den ursprünglichen Anlass hinausgehen, zum einen, weil die Schmerzmittel Nebenwirkungen haben, und zum anderen, weil die Krankheit, die die Schmerzen verursacht hat, nicht geheilt wurde.

Ein weiteres Beispiel sind die Kriegsflüchtlinge, die seit 2014/2015 verstärkt Zuflucht in Europa suchen. Völlig unzutreffend meint ein Teil der BürgerInnen, die Schutz-suchenden seien das Problem oder die Schlepperorganisa-tionen, die sie aus dem Kriegsgebiet über das Mittelmeer oder das Festland über die europäischen Grenzen bringen. In Wahrheit sind die Kriege das Problem. Die europäischen Regierungen versäumen es, sich wirksam für eine Friedens-politik einzusetzen. Nur diese könnte die Flüchtlingsbewe-gungen stoppen.

Genauso problematisch ist es, wenn man versucht, effizi-enter zu handeln, um die Fülle der Aufgaben und Interessen in der gegebenen Zeit doch noch zu bewältigen. In Krisen ist Effizienz eine wirksame Methode, die Kräfte bestmöglich einzusetzen, um mit der Not fertigzuwerden.

Wird aus der Krise jedoch ein Dauerzustand oder nehmen die Aufgaben weiter zu, hilft Effizienz nicht mehr weiter. Das System, in diesem Fall der Mensch, bricht unter der Last schließlich zusammen.

Der Versuch, den Stress dadurch zu mildern, dass man die eigene Resilienz erhöht, ist nicht weniger zweischnei-dig. Kurzfristig kann die größere Widerstandskraft zu einer Minderung des Stresses führen; denn Belastung und Belast-barkeit stehen zueinander in Beziehung.

Die Umkehrsignale

Auf der anderen Seite hilft auch die größte Resilienz nicht weiter, wenn der äußere Druck anhält bzw. weiter wächst. Man sagt, dass steter Tropfen den Stein höhlt. Dieses Prinzip gilt auch, wenn Menschen wegen des fortwährenden Drucks nicht mehr zur Erholung kommen. Nimmt die zeitliche Belastung ständig zu, ist dies irgendwann durch Resilienz nicht mehr auszugleichen. Dann kommt es trotzdem zum Zusammenbruch.

Ändert man an der Ursache der Zeitnot nichts, können Effizienz und Resilienz nur vorübergehend Erleichterung verschaffen. Der Zeitpunkt, an dem die Belastung unerträglich wird, wird nur hinausgezögert, mehr nicht.

Aus diesem Grund sollten Zeitknappheit und Hetze sowie die dadurch hervorgerufenen Symptome von vornherein als das verstanden werden, was sie eigentlich sind: Umkehrsignale. Also Hinweise, nicht so weiterzumachen wie bisher, sondern einen Ausweg zu finden.

So gesehen, ist ein Gefühl des Getriebenseins und der Zeitnot sehr wertvoll, sofern es denn tatsächlich für eine Umkehr genutzt wird. Der schrille Ton einer Alarmanlage hat dieselbe Funktion. Er soll aufrütteln. Deshalb muss er als unangenehm empfunden werden. Deshalb die Alarmanlage abzustellen oder weniger empfindlich zu machen, hilft nicht weiter.

Nehmen Sie Ihren Zeitdruck also ernst. Dann kann er der Beginn von etwas Positivem werden: Er kann Sie zu einem Leben in Zeitfülle führen, mit den richtigen Aufgaben, im richtigen Maß.

Land in Sicht

Sobald man sich darauf einlässt, die zeitliche Überbeanspruchung in seinem Leben zu beenden, zeichnen sich Lösungen ab. Im Grunde genommen wissen viele bereits, was bei ihnen falsch läuft und daher geändert werden müsste. Nur der Entschluss zur Veränderung bzw. die Umsetzung fallen schwer.

Jeder hat täglich 24 Stunden. Damit kann man im Prinzip alles Menschenmögliche auf dieser Erde verwirklichen. Das muss nicht heißen, eine große Karriere zu machen oder eine Familie zu gründen oder um die Welt zu reisen. Vielen ist der berufliche Erfolg nicht so wichtig. Nicht alle finden ihr Glück in der Familie. Reisen bedeutet einigen gar nichts.

Das Entscheidende ist, dass man sich bewusst macht, was man persönlich braucht, um das Leben als erfüllt, beglückend und tief befriedigend zu erfahren. Kein vernünftiger Mensch wird es sich zum Ziel setzen, atemlos von einer Sache zur nächsten zu hetzen, oder sich mit Aufgaben zu überlasten, die einem im Grunde genommen nichts bedeuten.

Ein produktives Leben ohne Stress ist möglich. Es ist sogar besser, ruhig und konzentriert seine Ziele zu verfolgen, als ständig zwischen Aktivitätsausbrüchen und Erschöpfung zu pendeln.

Leider nehmen sich viele nicht die Zeit, in Ruhe darüber nachzudenken, was sie mit ihrem Leben anfangen möchten. Sie lassen die Dinge auf sich zukommen. Was auf dem Papier vielleicht noch recht gut klingt, kann leicht dazu führen, dass man überwiegend damit beschäftigt ist, auf große und kleine Krisen zu reagieren. Es sind dann die Probleme, die auf einen zukommen.

Wer so angespannt ist, dass ihm oder ihr die Zeit oder die Kraft fehlt, dem Leben eine neue Richtung zu geben, könnte zumindest die freien Tage im Monat nutzen, sich Gedanken zu machen, wo die Reise hingehen soll, nicht der nächste Urlaub, sondern die Lebensreise.

Der Urlaub könnte ebenfalls dazu dienen, um das Unwesentliche vom Wesentlichen zu unterscheiden und die ersten Schritte der Umkehr zu planen. Solange man von Termin zu Termin eilt, ist es nur schwer möglich, diese Unterscheidung zu treffen. Der Stress verhindert es, zu sich zu kommen.

Sie können das leicht an unseren chronisch übermüdeten und erschöpften PolitikerInnen beobachten. Eine Krisensitzung jagt die nächste. Es gibt so gut wie keine Visionen mehr, wie die Lösungen der Probleme aussehen könnten. Viel Aktionismus, noch mehr Absichtserklärungen und so gut wie keine messbaren Verbesserungen. Eine Antwort auf den rasanten Klimawandel: Fehlanzeige. Strategien, weltweit Frieden zu schaffen: Sie bleiben in den Schubladen.

Niemand hat die Möglichkeit, dies allein zu ändern. Dafür wäre ein größerer Bewusstseinswandel in der Menschheit nötig. Möglich ist jedoch, seine eigene Welt aktiv zu gestalten. Sie persönlich können sich von Zeitknappheit und Hetze verabschieden und stattdessen neu entdecken, dass 24 Stunden täglich ausreichen, um glücklich und zufrieden zu sein.

Der Ausgangspunkt

Eine Million Stunden

Wie viel Zeit hat ein Mensch denn überhaupt? Wenn Sie einen langen Atem haben, stehen Ihnen eine Million Stunden zur Verfügung. Das ist eine ganze Menge. Dafür müssten Sie allerdings gut 114 Jahre alt werden. Unmöglich, sagen Sie? Nun, die ältesten Menschen sind etwa 120 Jahre alt geworden. Da wäre also sogar noch etwas Spielraum nach oben.

Aber gehen wir einfach mal von der derzeitigen Lebenserwartung in Deutschland von knapp 80 Jahren aus. Das sind immer noch rund 700.000 Stunden. Damit es noch beeindruckender aussieht, rechnen wir diese Zahl in Minuten um. Das ergibt ca. 42 Millionen Minuten. Das dürfte dann wirklich jedem reichen. Die Zahl liegt jenseits unserer Vorstellbarkeit.

Die Uhr tickt zwar, aber angesichts der zu erwartenden Minuten Ihrer Lebenszeit können Sie es sich leisten, ein paar Minuten auch mal gar nichts zu tun. Sogar ganze Tage fallen kaum ins Gewicht.

Ich habe das vorgerechnet, um Ihnen klarzumachen, dass die Zeit nicht knapp ist. Es gibt keinen Grund, sich zu beeilen. Sie leben in großer Zeitfülle. Auch das Argument, die Zeit vergehe so schnell, zieht nicht wirklich. Das Zeitempfinden ist von verschiedenen Faktoren abhängig, unter anderem von der Geschwindigkeit, mit der man unterwegs ist. Bewegt man sich im Schneckentempo, scheint die Zeit fast stillzustehen. Nicht zufällig spricht man davon, sich in Zeitlupe zu bewegen. Es entsteht der Eindruck, die Sekunden würden sich dehnen. Umgekehrt glaubt man, die Zeit würde rasen, obwohl man selbst es ist, der eilt, und nicht die Zeiger der Uhr.

Albert Einstein soll Relativität so definiert haben: »Wenn man zwei Stunden lang mit einem Mädchen zusammensitzt, meint man, es wäre eine Minute. Sitzt man jedoch eine Minute auf einem heißen Ofen, meint man, es wären zwei Stunden.«

Sicher gibt es einen Zusammenhang zwischen dem Zeitempfinden und der inneren Einstellung. Die Zeit vergeht aber nicht nur langsamer, wenn man auf einem heißen Ofen sitzt. Es genügt, entspannt und mit guter Laune zu handeln. Dann fließt die Zeit angenehm dahin, nicht zu schnell und nicht zu langsam.

Der Psychologe Mihály Csíkszentmihályi hat einen Zustand beschrieben, den er Flow genannt hat. Ist man völlig absorbiert von einer Aufgabe, dann merkt man überhaupt nicht, dass die Zeit vergeht. Man lebt vollkommen in der Gegenwart. Erst wenn man auf die Uhr blickt, sieht man, dass unter Umständen mehrere Stunden vergangen sind.

Sagt man deshalb vielleicht, dem Glücklichen schlage keine Stunde? Ist das Glück womöglich der Schlüssel zur (gefühlten) Ewigkeit? Schaut nicht vor allem derjenige immer wieder unruhig zur Uhr, der unter Druck steht? Der sich selbst mehr zumutet, als ihm guttut, oder dem andere mehr auferlegen, als er tragen kann?

Egal, wie man es betrachtet, unsere Minuten sind so reichlich bemessen, dass normalerweise kein Mangel herrschen dürfte. Niemand braucht mehr Zeit. Wohl aber bräuchten viele eine bessere Art zu leben. Durch die Jahrhunderte hatten die Menschen, wenn überhaupt, nur mit der Endlichkeit ihres Lebens ein Problem. Erst die Neuzeit brachte einen zunehmenden Zeitmangel mit sich.

Erinnern Sie sich an den Witz: Was passiert, wenn die Sahara sozialistisch wird? Antwort: Erst gar nichts, aber dann wird der Sand knapp. Diese amüsante Pointe ließe sich übertragen: Und was passiert, wenn die Welt kapitalistisch wird? Erst gar nichts, aber dann wird die Zeit knapp.

Oder vielleicht hat Udo Lindenberg es am besten erfasst: »Die Tage sind gleich lang, aber unterschiedlich breit.«

Warten oder handeln

Lassen Sie uns offen sein: Es steht nicht besonders gut um die Erfolgsquote psychologischer Ratgeber. Viele dieser Bücher werden zwar gekauft, bleiben aber ungelesen im Regal. Oder man gibt bereits nach dem ersten Kapitel auf. Natürlich gibt es immer noch genügend Menschen, die das ganze Buch lesen. Von denen macht aber nur eine Minderheit die vorgeschlagenen Übungen. Und dann passiert – gar nichts.

Das Buch wird gelesen, weggestellt und vergessen. Einige kaufen sich weitere Bücher zum selben Thema, immer mit dem selben Ergebnis: Es bleibt alles beim Alten. Das Trügerische daran ist, dass man den Eindruck hat, man arbeite an seinen Problemen. Leider unterscheiden sich diese LeserInnen aber nicht von denen, die solche Bücher entweder nicht kaufen oder die gekauften Bücher nie aufschlagen.

So weit, so schlecht. Trotz dieser insgesamt negativen Bilanz gelingt es vielleicht einer Handvoll LeserInnen, mehr aus der Lektüre zu machen. Sie lesen das Buch nicht nur einmal, sondern sogar mehrmals. Sie unterstreichen Passagen, die ihnen wichtig erscheinen, und übertragen diese auf Karteikarten oder Post-its, die sie sich an den Computer kleben.

Mehr noch: Sie probieren die Ideen des Buchs aus, spielen mit ihnen, experimentieren. Was vielleicht am wichtigsten ist: Sie lassen sich von den Ideen inspirieren und sich selbst etwas einfallen, um ihrem Leben eine neue Richtung zu geben bzw. ihre Probleme aktiv zu lösen. Nach einigen Tagen, Wochen, Monaten oder Jahren hat sich dann tatsächlich etwas Entscheidendes geändert, das sogar den Menschen in ihrer Umgebung auffällt.

Ich zum Beispiel bin so jemand. Während meines Studiums hatte ich ein Schlüsselerlebnis. In den ersten Semestern erlebte ich nur Misserfolge. Ich wusste nicht, wie man erfolgreich Klausuren oder Hausarbeiten schreibt. Die MitstudentInnen wussten es auch nicht. Wir waren gemeinsam erfolglos.

Dann fiel mir eines Abends – die Fachbereichsbibliothek war schon ziemlich leer – beim Stöbern in den Bücherregalen ein Buch in die Hände, eine Anleitung zum Anfertigen juristischer Falllösungen. Es war gerade erst erschienen und hatte noch diesen angenehmen Geruch neuer Bücher.

Darin stand alles, was ich brauchte, um von Stund an die notwendigen Scheine zu sammeln, die erforderlich waren, um sich zum Examen anzumelden. Ich bestand auch die Prüfung ohne Probleme. Sage noch mal einer, Ratgeber würden nichts nützen.

Der Ausgangspunkt

Dass Bücher in der Lage sind, Leben zu ändern, ist vielfach bezeugt. Die meisten Spitzenleute, egal in welchem Fach, lesen. Nicht nur ab und zu, sondern viel und regelmäßig. Informationen und Inspirationen sind das Elixier für alles. Nur machen nicht alle Gebrauch davon.

Ich räume allerdings ein, dass das Lernen aus Büchern nicht für jeden der richtige Weg ist. Man bekommt nämlich nur so viel zurück, wie man hineinsteckt. Und es braucht den richtigen Zeitpunkt für die Lektüre. Manche Bücher kommen zu früh oder zu spät. Entweder ist man noch nicht an dem Punkt, sich zu ändern, oder man hat sich den Inhalt schon aus anderen Quellen erschlossen. Das kann passieren. Auch ich habe schon ein paar Ratgeber enttäuscht zum Altpapier gelegt und dann, viele Jahre später, nachdem ich mir das Werk erneut gekauft hatte, festgestellt, dass darin genau das stand, was ich brauchte.

Erst wenn der Schüler bereit ist, erscheint der Lehrer. Dieser oft zitierte Satz stimmt. Das ist zum Beispiel der Grund, warum ich keine Ratgeber mehr verschenke. Ich war früher davon beseelt, meine neuesten Erkenntnisse mit meinen Verwandten und Freunden sofort zu teilen. Das endete regelmäßig in Enttäuschungen, weil sie in ihrer Entwicklung nicht an demselben Punkt waren wie ich. Sie hätten vielleicht andere Informationen gebraucht oder waren überhaupt nicht offen dafür, ihr Leben zu verändern.

Ich will Sie auf keinen Fall davon abhalten, meine Bücher zu verschenken. Ganz im Gegenteil! Aber seien Sie darauf gefasst, dass andere Ihre Begeisterung nicht unbedingt teilen.

Warten oder handeln

Das Wichtigste für den Erfolg ist, dass Sie wissen, was Sie mit diesem Buch anfangen wollen. Was erhoffen Sie sich von der Lektüre? Was erwarten Sie? Was genau möchten Sie in Ihrem Leben ändern? Wie soll das geschehen? Was werden Sie, noch während Sie das Buch lesen, tun? Wenn Sie sich das klarmachen, sind Sie schon einen entscheidenden Schritt weiter.

Da Sie sich mit diesem Buch beschäftigen, haben Sie offenbar die Phase überwunden, in der Menschen mit Problemen leugnen, dass sie welche haben. Vielleicht sind Sie dabei, erst einmal Informationen zu suchen, und verhalten sich noch abwartend, was konkrete Änderungen betrifft. Sie überlegen, was Ihnen im Umgang mit Ihrer Zeit, Ihrem Leben, nicht passt und ob es möglicherweise Auswege gibt. Es kann aber auch sein, dass Sie bereits unmittelbar davor stehen, erste Veränderungen vorzunehmen, oder sogar schon damit begonnen haben. Von meinem Buch versprechen Sie sich nur noch etwas Rückendeckung, damit Sie nicht auf halbem Weg stehen bleiben.

Egal an welchem Punkt Sie sich befinden, ob Sie noch abwarten oder bereits handeln wollen: Verlassen Sie sich auf Ihre Intuition. Ich möchte Sie auch ausdrücklich ermutigen, weitere Bücher zu diesem Thema zu lesen. Nach meiner Erfahrung gibt es das allein selig machende Buch nicht. Auch die Anleitung, die ich während meines Studiums fand, war letztlich nicht die einzige, die ich brauchte. Sie war der entscheidende Anstoß. Das ganze Bild setzte sich aber aus mehreren Quellen zusammen.

Worauf Sie allerdings besser nicht warten sollten, ist, dass die Gesellschaft, die Politik oder Ihre Umgebung und Ihre

Nächsten sich ändern und sich Ihre Zeitprobleme dadurch von selbst auflösen. Da können Sie unter Umständen lange ausharren. Man sagt: abwarten und Tee trinken. Wäre es nicht schade, wenn Sie jahrzehntelang kannenweise Tee trinken, nur um am Ende festzustellen, dass Sie vergeblich gewartet haben?

LÖSUNGEN

Zeit haben ist im Prinzip ganz einfach, wenn man zwei Dinge beachtet:

1. Man muss wissen, wie man seine Zeit am liebsten verbringen will. Nur, wenn man das weiß, kann man sich danach richten, dem Leben eine Richtung geben: Das sind Schlüsselbegriffe bei einem Zeitmanagement, das über das Abarbeiten lästiger Pflichten hinausgeht. Deshalb kommt nicht jede Richtung infrage, sondern nur die, die man als richtig, als passend, selig machend, also äußerst befriedigend empfindet.

Sobald man für sich selbst erkannt hat, was wesentlich im eigenen Leben ist, kann man sich von allem Überflüssigen befreien. Fehlt diese Erkenntnis, treibt man wie ein Stück lebloses Holz erst hierhin, bald dahin, je nachdem, wie die äußeren Kräfte es wollen. Nie im Leben würde es einem einfallen, gegen den Strom zu schwimmen, obwohl dies nötig sein kann, um sich selbst treu zu bleiben.

2. Wer nach seinen eigenen Vorstellungen leben will, trifft früher oder später auf Hindernisse. Je nachdem, wie stark die eigenen Interessen im Elternhaus gefördert wer-

den, beginnen die Probleme früher oder später. Lehrer-
Innen, FreundInnen, PartnerIn, Geld, die Gesellschaft, die
politischen Verhältnisse: Das sind nur einige Faktoren, die
den eigenen Lebensweg fördern oder behindern können.

Schwerwiegender sind jedoch die inneren Hindernisse.
Ängste, mangelndes Selbstvertrauen, ungezügelte Wut,
Impulsivität, Unlust, depressive Verstimmungen, Unwis-
senheit und vieles andere stehen der freien Verfügung über
seine Lebenszeit mehr im Weg als die äußeren Verhältnisse;
denn ohne die richtige innere Einstellung ist die Bewälti-
gung der äußeren Hindernisse aussichtslos.

Sie sehen, warum das traditionelle Zeitmanagement oft
so wirkungslos bleibt. Terminkalender helfen einem nicht,
zu erkennen, was man mit seinem Leben anfangen will. Sie
setzen dieses Bewusstsein voraus. Sie ersparen einem nicht,
den inneren Hindernissen entgegenzutreten und beispielsweise Mut, Selbstvertrauen, Gelassenheit und Lebenslust
zu entwickeln.

Wenden wir uns also der Frage zu, wie Sie sich ein Leben
ohne Zeitknappheit und Hetze vorstellen. Danach befassen
wir uns damit, wie Sie Ihr Denken, Fühlen und Handeln so
ausrichten können, dass Sie mit allen Widerständen fertig
werden.

Was ist wesentlich?

Der Psychoanalytiker, Philosoph und Sozialwissenschaftler
Erich Fromm hat darauf hingewiesen, dass sich bezüglich

Lösungen

der Freiheit zwei Fragen stellen: Freiheit wovon und Freiheit wofür? Menschen fürchten die Freiheit geradezu, wenn sie die zweite Frage nicht beantworten können.

Das leuchtet ein. Man möchte sich nicht befreien, nur um festzustellen, dass das Leben mit einem Mal leer ist. Solange man nicht weiß, wofür man frei sein möchte, zögert man, die Dinge zu verbannen, die man als stressig empfindet. Lieber Stress als gar nichts: Das ist die Devise, nach der viele leben. Sie kennen keine besseren Alternativen. Und wenn doch, schaffen sie es nicht, danach zu streben.

Ich hatte einen Freund, der nach seiner Ausbildung bei einer Versicherung gelandet ist. Anders kann man es nicht ausdrücken. Ob er sein Leben lang davon geträumt hatte, bei einer Versicherungsgesellschaft Akten zu bearbeiten? Natürlich nicht. Unaufhörlich beklagte er seine Situation. Er hatte sie nicht bewusst gewählt. Sie war ihm »passiert«.

Sein eigentliches Problem bestand darin, dass er entweder nie Träume gehabt oder sie total verdrängt hatte. Er schien sehr entmutigt. Er wagte nicht, nach den Sternen zu greifen, wohl weil er so oft enttäuscht worden war. Lieber verzichtete er nun darauf, allerdings um den Preis eines ungelebten Lebens.

Da er seine Tage bei der Versicherungsgesellschaft verbrachte, fehlte ihm die Zeit für die schönen Dinge des Lebens, was immer das für ihn geheißen hätte. Seine Hobbys waren eine zu geringe Entschädigung für den Verrat am Selbst.

Wofür möchte man frei sein, wofür Zeit haben? Um diese Frage kommt niemand herum.

Wofür brennst du? So formuliert es eine meiner Freundinnen. Kann man für eine Versicherung »brennen«? Kann das Herz für so etwas entflammen? Selbstverständlich, vorausgesetzt, dass man eine innere Beziehung dazu hat. Ich habe von einem Unternehmer gehört, der einen Versicherungskonzern aufgebaut hat, der ausschließlich Risikolebensversicherungen vertreibt. Als sein Vater früh starb, stand seine Familie nahezu mittellos dar. Das weckte in seinem Sohn den starken Wunsch, andere vor einer solchen Situation zu schützen. Er brannte in der Tat für (Risikolebens-)Versicherungen.

Was man als wesentlich betrachtet, ist individuell verschieden. Es ist keine rein intellektuelle Entscheidung. Das Wesentliche geht in Resonanz mit dem Innersten. Man kann es spüren. Manchmal gibt es eine Verbindung mit der Biografie, wie bei dem Versicherungsunternehmer. In anderen Fällen wächst einem erst mit der Zeit etwas ans Herz. Daher lässt sich keine allgemeine Regel dafür finden, was das Wesentliche ist und wie es entsteht. Manche entdecken es sofort. Andere müssen erst Verschiedenes ausprobieren, bis sie es gefunden haben.

Der Bezug zum eigenen Wesen ist nicht manipulierbar. Ebenso wenig ist eine Vielzahl von Dingen wesentlich. Deshalb erschließt sich das Wichtigste im Leben, indem man sich fragt, worauf man nicht oder nur schwer verzichten könnte.

Da man es kaum entbehren kann, macht es sich unmissverständlich bemerkbar, wenn man sich keine Zeit dafür nimmt. Man leidet. Umgekehrt erkennt man Unwesentliches daran, dass es einem relativ leicht fällt, ohne es auszukommen. Mir persönlich sind Versicherungen nicht wichtig. Ich kann leicht darauf verzichten. Bei einer Versicherung zu arbeiten oder gar eine zu gründen, würde mir nichts bedeuten.

Man kann noch so sehr versuchen, sich einzureden, dass einem etwas wichtig sei. Es gelingt nicht. Gerade Kinder sind in diesem Punkt unbestechlich. Sie wissen genau, was sie wollen. Erwachsene dagegen geben sich die größte Mühe, so zu tun, als ob. Allenfalls unter Freunden gibt man zu, was einem fehlt.

Eng mit dem Wesentlichen verknüpft ist die Frage der Priorität. Das Wesentliche hat Vorrang, das Unwesentliche muss warten. Ist das Unwichtige vorrangig und kommt das Wichtigste an letzter Stelle, ist alles verkehrt. Und so fühlt es sich auch an.

Es kann nicht viele Prioritäten geben. Sonst verliert das Wort seine Bedeutung als Vorrang. Man muss sich entscheiden. Aber die Entscheidung für das Wesentliche fällt leicht. Auch daran lässt es sich erkennen.

Die Gier kann den Blick für das Wichtige verstellen. Wer alles haben will, leidet offensichtlich an einem Mangel an Selbsterkenntnis. Um glücklich zu sein, bedarf es wenig, wenn man denn weiß, worauf es einem ankommt. Mitunter mag die Gier gerade dann auftreten, wenn die eigentlichen, die wesentlichen Bedürfnisse nicht gestillt werden.

So wird nicht ganz zu Unrecht vermutet, dass der unmäßige Konsum in der westlichen Welt damit zu tun hat, dass beispielsweise die Liebe bei uns nur eine Randerscheinung ist. Auch darauf hat übrigens bereits Erich Fromm hingewiesen.

Was ist wesentlich?

Die gute Fee

Lassen Sie uns nun gemeinsam herausfinden, was für Sie wesentlich ist. Sind Sie darauf vorbereitet, einer Wunschfee zu begegnen? Haben Sie Ihre drei Wünsche, die Ihnen die Fee erfüllen soll, parat? Wenn nicht, könnte es Ihnen ergehen wie dem guten Mann, dem nichts anderes einfiel, als zu sagen: »Drei Wünsche? Das ist ja wunderbar. Hm, was wünsche ich mir eigentlich ...? Setz dich doch bitte hin, nimm dir erst einmal einen Tee und warte einen Augenblick.« Die Fee setzte sich, nahm einen Tee und war kurz darauf wieder verschwunden. Zur Erfüllung dieser drei Wünsche musste sie nicht einmal ihre Zauberkräfte einsetzen.

Also, wenn die Wunschfee in Ihr Zimmer weht, sollten Sie in der Lage sein, Ihre drei größten Herzenswünsche wie aus der Pistole geschossen zu nennen. Und bitte keine Mätzchen! Die Fee duldet es nicht, wenn Sie sagen, Ihr erster Wunsch sei, unbegrenzt viele Wünsche erfüllt zu bekommen. Wusch, ist sie wieder weg. Sie will echte Antworten, keine Tricks. Dafür ist sie nämlich zuständig.

Es ist wie im richtigen Leben. Bevor der Zauber wirken kann, also bevor Sie sich daran machen, Ihre Träume zu verwirklichen, müssen Sie erst einmal wissen, was Sie wollen. Alles beginnt mit einer Idee. So hat Steve Jobs seine wunderschönen, anwenderfreundlichen Computer geschaffen, Edison die Städte elektrifiziert und Clärenore Stinnes als erste Frau mit einem Auto die Welt umrundet. Mag sein, dass es ein langer Weg bis zur Realisierung ist. Aber ohne Träume gibt es überhaupt keinen.

Lösungen

Übrigens betreten Sie mit der Magie des Wünschens kein Neuland. Sie beherrschen diese Kunst schon. Wenn Sie einen Apfel essen möchten, in die Küche gehen, um sich einen zu nehmen, hineinbeißen und den sich entfaltenden Geschmack genießen, ist Ihr Traum bereits in Erfüllung gegangen.

Sie sind sogar so erfolgreich damit, dass Sie aufpassen sollten, was Sie begehren. Ihr ungeliebter Job ist genauso das Ergebnis Ihrer Zauberkünste wie die Heirat mit Ihrem Lieblingsfeind. Sorry, natürlich hoffe ich, dass Sie Ihren Traumjob und Ihren Traumpartner/Ihre Traumpartnerin gefunden haben. Aber falls nicht, kommen Sie kaum umhin, sich einzugestehen, dass Sie Ja gesagt haben: zum Arbeitsvertrag und auf dem Standesamt. Mehr noch: Sie sagen immer noch Ja, indem Sie täglich zur Arbeit gehen und weiter mit Ihrem Lieblingsfeind zusammenleben. Wie wollen Sie sonst erklären, dass dies passiert?

Vielleicht scheuen Sie sich, von Wunsch und Erfüllung zu sprechen, wenn Ihnen etwas misslungen ist. Aber um der Magie willen wäre es besser, Sie täten es; denn solange Sie sich nicht als die SchöpferIn Ihres Lebens oder jedenfalls Ihres Alltags betrachten, ist kaum Besserung in Sicht.

Dadurch, dass die Wunschfee Ihnen nur drei Wünsche gewährt, zwingt sie Sie, Farbe zu bekennen. Sie möchte nicht, dass Sie sich verzetteln. Würde die Fee Sie mit allem überschütten, was Ihnen in den Sinn käme, wären Sie keinen Schritt weiter. Sie hätten nicht die Zeit, sich mit allem zu beschäftigen. Also müssten Sie sich überlegen, was Ihnen wichtiger ist als alles andere. Um sich Arbeit zu sparen, stellt die Wunschfee die Frage nach Ihren Prioritä-

Die gute Fee

ten an den Anfang. Wozu sollte Sie Ihnen etwas bringen, das Sie später gar nicht nutzen, ja, woran Sie nicht einmal Freude haben.

Ist das nicht genau die Situation, in der die meisten von uns leben? Wir haben uns alle möglichen Wünsche erfüllt, die Wohnung quillt über mit jedem erdenklichen Krempel, der Speicher des Computers ist randvoll mit Musik, Filmen und Spielen, die Tage sind vollgestopft mit Terminen. Aber vor einer Antwort auf die Frage, was uns wirklich wichtig ist, haben wir uns erfolgreich gedrückt. Wir wissen es nicht. Entweder ist es in dem Krempel untergegangen, oder es war uns nie wirklich klar.

Es ist Zeit, dies zu ändern. Sie haben drei Wünsche frei. Aber Sie müssen sich sofort entscheiden. Bitte antworten Sie – jetzt!

Wunder

Wir bleiben zunächst in der Welt der Magie. Sie ist uns näher, als wir meinen. Üben Märchen nicht auch deshalb so einen großen Reiz auf Kinder und Erwachsene aus, weil sie die Welt, in der wir leben, so genau beschreiben? Sie tun dies mit einer Fülle von Symbolen, die wir auf einer unbewussten Ebene sehr gut verstehen.

Die Grundstruktur aller Mythen, Legenden, Märchen und Abenteuerromane ist gleich: Eine HeldIn macht sich auf die Reise und hat viele Prüfungen zu bestehen, wobei ihr wunderbarerweise zahlreiche Kräfte zu Hilfe eilen. Am

Lösungen

Ende erobert sie den Schatz und bringt ihn mit nach Hause, wo sie glücklich lebt bis ans Ende ihrer Tage.

Sieht aus wie unser Leben, oder? Vorausgesetzt, wir lassen uns – vielleicht unwillig, aber das ist im Märchen oft genauso – auf das Abenteuer ein, haben unser Ziel vor Augen und scheuen die Prüfungen nicht.

Eigentlich befinden wir uns in einem Schlaraffenland. Die Erde ist voller Schätze und Möglichkeiten. Wir können nicht alles, aber sehr viel erreichen. Es ist nicht so schwer, wie es gelegentlich scheinen mag. Eine glückliche Partnerschaft ist kein Ding der Unmöglichkeit. Eine erfüllte, befriedigende Berufstätigkeit: Die gibt es! Und selbst die ganze Staffage wie das Seegrundstück oder das Traumauto ist nicht unerreichbar. Wenn es denn zu den absoluten Herzenswünschen gehört und man vor der HeldInnenreise nicht zurückschreckt. Vergessen wir bei den Träumen nicht die Fähigkeiten. Zu den Dingen, die Menschen begehren, gehören über FreundInnen, PartnerInnen, Berufe, Segeljachten und Villen hinaus auch Talente. Einige möchten sportlich oder souverän im Umgang mit ihren Mitmenschen sein, andere würden gerne Fremdsprachen können.

Überhaupt ist es wichtig, sich von bestimmten Wunschklischees zu lösen. Anders als uns so oft vorgespiegelt wird, sind die meisten überhaupt nicht scharf auf schnelle oder teure Autos. Den Traum von einer weißen Villa auf dem Hügel teilen wenige. Das Segelboot geht nicht nur den Wasserscheuen am Arsch vorbei.

Was aber jeder will, ist glücklich sein. Oder kennen Sie jemanden, der nichts lieber will, als kreuzunglücklich zu sein? Falls ja, würde ich behaupten, dass dahinter die Freude am

Wunder

Unglücklichsein steht, zwar eine perverse Freude, aber dennoch ein gewisses Glück.

Es gibt viele Möglichkeiten, glücklich zu sein. Aber für jeden ragen ein paar ganz besondere Herzenswünsche heraus, etwas, das er oder sie allem anderen vorzieht, sofern es denn irgendwie geht. Sie gilt es herauszufinden.

Bevor wir zum praktischen Teil kommen, hören wir noch einmal Albert Einstein zu diesem Thema: »Es gibt zwei Arten, sein Leben zu leben: entweder so, als wäre nichts ein Wunder, oder so, als wäre alles eines. Ich glaube an Letzteres.«

Um die Übung zu machen, die ich Ihnen vorschlagen möchte, müssen Sie kein Genie sein, aber bereit sein, sich auf ein Wunder einzulassen, jedenfalls in Gedanken. Den meisten, selbst den größten SkeptikerInnen, macht es im Allgemeinen Spaß, sich mit der folgenden Frage zu beschäftigen:

Angenommen, Sie gehen abends ins Bett und über Nacht geschieht ein Wunder. Ihre größten Probleme sind mit einem Mal gelöst. Sie wissen zwar nicht, was passiert ist, als Sie schliefen, aber am nächsten Morgen stellen Sie zu Ihrer größten Freude fest, dass sich Ihr ganzes Leben zum Positiven gewandelt hat: Woran merken Sie es? Woran zuerst? Was ist alles anders?

Auch Ihren Mitmenschen fällt auf, dass eine große Veränderung in Ihrem Leben stattgefunden hat: Woran merken diese es? Woran noch?

Lösungen

Ausnahmen

Erinnern Sie sich an Phasen in Ihrem Leben, in denen Sie Zeit hatten? Abschnitte, in denen Sie so gelebt haben, wie es Ihren Vorstellungen entsprach und vielleicht heute noch entspricht?

Es ist leichter, etwas zu wiederholen, als es vollkommen neu erfinden zu müssen. Was man einmal geschafft hat, ist ein zweites Mal möglich. Deshalb lohnt es sich, darüber nachzudenken, wann Zeitnot und Hektik noch Fremdworte waren.

Was war damals anders? Was haben Sie dazu beigetragen, dass Zeitfülle Realität für Sie war? Welche Umstände haben dabei eine Rolle gespielt? Hatten Sie eine andere Einstellung als heute? Woran genau lag es, dass Sie in dieser Hinsicht mit Ihrem Leben so zufrieden waren?

Es geht aber nicht nur um vergangene Zeiten. Auch heute dürfte es für Sie Momente, Tage und Wochen geben, die frei vom üblichen Zeitdruck sind. Wann genau ist dies der Fall? Morgens, am Abend, an einem bestimmten Wochentag, am Wochenende oder im Urlaub?

Wie können Sie solche stressfreien Zonen erweitern? Was müssten Sie tun, um die Ausnahmen (wieder) zur Regel werden zu lassen?

Machen Sie sich bitte frei von allen Überlegungen, die dem im Wege stehen. Um die inneren und äußeren Hindernisse kümmern wir uns später. Jetzt kommt es darauf an, zu begreifen, dass ein Leben ohne Zeitnot und Hektik nicht nur möglich ist, sondern dass Sie es bereits kennen.

Die meisten dürften als Kinder noch viel Zeit gehabt haben. Auch wenn damals schon die Erwachsenen gelegentlich zur Eile antrieben, genoss man zu Beginn des Lebens eine Art geschützten Freiraum. Spiel und Spaß sind ausdrücklich erlaubt. Sie stellen die Regel dar und nicht die Ausnahme. Viele Eltern gestatten ihren Kindern eine Menge Freiheiten, auch weil sie der Ansicht sind, dass dies später nicht mehr möglich sein wird, dann, wenn der sogenannte Ernst des Lebens beginnt.

Kinder lernen leicht. Es ist ihre Natur. Laufen und Sprechen sind keine Schulfächer. Deshalb gelingt es praktisch jedem. Leider wird das Lernen in der Schule zur Pflicht und gerät damit in einen Gegensatz zum Autonomiestreben des Kindes. Sich Zwängen zu widersetzen, ist eine natürliche Reaktion.

Da die schulischen Verpflichtungen erst im Laufe der Jahre zunehmen, genießt man bis in die späte Teenagerphase oft noch weiter das Privileg, seinen Interessen nachgehen zu dürfen. Man darf von einer guten Zukunft träumen und seine Wünsche ernst nehmen.

Während der Berufsausbildung ändert sich das Leben für viele dramatisch. Wem es nicht gelingt, seine persönlichen Interessen, Bedürfnisse und Vorlieben mit dem Beruf in Einklang zu bringen, der empfindet die Arbeit als Qual. Sie lastet schwer auf der Seele; denn die Arbeitszeit nimmt den größten Teil des Lebens ein.

An diesem Punkt beginnen nicht wenige, nur noch vom Feierabend, insbesondere vom Freitagabend, vom Wochenende, vom Urlaub und von der Rente zu träumen. Vielleicht noch ab und zu »krankfeiern«: Mehr ist nicht mehr drin, es sei denn, man flüchtet sich gleich komplett in die Krank-

Lösungen

heit, die einzige Zuflucht, die unsere Gesellschaft bis zu einem gewissen Grad gestattet. Der Preis dafür, nämlich die Gesundheit zu opfern, ist allerdings sehr hoch.

Was tun Sie, wenn Sie sich erlauben, Sie selbst zu sein? Die sogenannte freie Zeit enthält oft wichtige Hinweise, wie Sie eigentlich leben möchten. Wo zieht es Sie hin? Was machen Sie gerne? Was fällt Ihnen leicht? Auf welche Aktivitäten freuen Sie sich? Wozu muss Sie niemand zwingen? Wann vergeht die Zeit wie im Fluge? Was bedauern Sie, wenn es vorbei ist?

Wer tut, was er liebt, braucht nie zu arbeiten, heißt es. Wie wahr! Was lieben Sie zu tun? Wie könnten Sie daraus einen Beruf machen?

Kurzum, wie kann aus den Ausnahmen die Regel werden?

Deine glücklichste Zeit

Ich hoffe, dass Sie grundsätzlich glücklich sind. Trotzdem kann die Frage, wann Sie am allerglücklichsten waren, weitere Hinweise geben, wie Sie sich ein Leben ohne Zeitprobleme vorstellen; denn Ihre glücklichsten Zeiten dürften zugleich die gewesen sein, als die Zeiger der Uhr nicht Ihren Alltag diktierten.

Sie erinnern sich: Dem Glücklichen schlägt keine Stunde. Wann waren Sie im Flow, in diesem angenehmen Zustand, in dem Zeit nicht zu existieren scheint? Eine der Voraussetzungen dafür ist eine perfekte Abstimmung von Anforderung und Können. Was zu tun ist, passt genau zum persönlichen Leistungsvermögen. Man fühlt sich gefordert, jedoch in keinster Weise überfordert. Im Gegenteil: Man sieht sich den Aufgaben vollkommen gewachsen. Kein bisschen Langeweile und nicht der geringste Stress. Das Leben fließt so dahin, dass es eine reine Freude ist.

Natürlich beschreibt das eine Idealsituation. Andererseits erleben Menschen sie unterschiedlich oft. Während einige diesen Zustand sehr selten erreichen, ist er für andere nahezu normal.

Man kann Flow oder Glück nicht erzwingen. Für beides gilt das Gleiche wie für Entspannung oder Schlaf. Man sorgt für die Voraussetzungen. Dann passiert es von allein.

Auch bei Entspannung und Schlaf ist es so, dass manche selten entspannt sind und schlecht schlafen, während andere, die Gelassenheit zu ihrem Lebensstil gemacht haben, leicht einschlafen und sich im Schlaf sehr gut erholen.

Verliebte leben ebenfalls in einem besonderen Zustand. Ihr Liebesglück lässt Stress weitgehend an ihnen abprallen. Sie schweben auf Wolke 7 und finden das Leben schön. Solch anhaltend gute Laune gibt es auch außerhalb von Liebesbeziehungen. Genauer gesagt, kann man eine vergleichbare Liebesbeziehung zur gesamten Existenz, zum Sein, zum Universum, zur göttlichen Schöpfung, oder wie immer Sie dies bezeichnen wollen, aufbauen.

Man muss ja nicht gleich zur MystikerIn werden. Ein Hauch genügt bereits, um eine Ahnung davon zu bekommen, wie das Dasein in dieser Welt eigentlich gemeint ist. Falls Sie eine Katze haben, stimmen Sie mir wahrscheinlich zu, dass diese vielleicht mehr vom Leben versteht als wir Menschen. Katzen schnurren, wenn ihnen besonders wohl

Lösungen

ist. Aber sie tragen auch keine Uhren, hören nicht stündlich Nachrichten und machen sich keine Sorgen um die Zukunft.

- Wann haben Sie zuletzt geschnurrt, und wie können Sie diesen zeitlosen Zustand wieder erreichen?
- Wie verlaufen Ihre Tage, wenn Sie glücklich sind?
- Wo befinden Sie sich?
- Was umgibt Sie?
- Mit wem sind Sie zusammen?
- Was tun Sie?
- Was tun Sie nicht?
- Wann fängt Ihr perfekter Tag an?
- Wie beginnt der Morgen?
- Was sehen Sie?
- Was hören Sie?
- Was fühlen Sie?
- Gibt es während des Tages Pausen?
- Wie viele, wann?
- Wie endet der Tag?
- Wann gehen Sie schlafen?
- Wie viele solcher Tage könnten Sie ertragen?
- Können Sie sich ein Leben ganz ohne Zeitnot und Hektik vorstellen?
- Falls ja, wann wollen Sie damit beginnen?

Deine glücklichste Zeit

Eine einfache Rechnung

Manchmal braucht man eine schnelle Lösung. Wenn einem das Leben zu viel wird, hilft kurzfristig nur eines: Ballast abwerfen. Am besten eignen sich dafür die Dinge ohne Priorität. Durch die vorangegangenen Übungen wissen Sie, was in Ihrem Leben Priorität hat. Alles andere kann im Prinzip gestrichen werden, jedenfalls dann, wenn die Zeit sonst nicht reicht.

Leider kommt es relativ oft vor, dass die Herzensangelegenheiten auf der Prioritätenliste ganz unten rangieren und die mehr oder weniger verhassten Pflichten ganz oben. Warum ist das so? Nun, Ihre Herzensangelegenheiten sind ja nur Ihnen wichtig. Wenn Sie nicht dafür sorgen, sie vorrangig zu behandeln, wird es kein anderer tun. Niemand wird Ihnen jemals Druck machen, dass Sie tun, was Ihnen wichtig ist.

Wer seine Träume verrät, bekommt keinen Ärger. Außer Ihnen leidet keiner. Und Sie sind schließlich nicht wichtig, oder? Ich hoffe, dass Sie an dieser Stelle gehörig protestieren. Aber vielleicht haben Sie sich schon so lange vernachlässigt, dass es Ihnen mittlerweile (fast) egal ist. Wenn da nur nicht dieses nagende Gefühl wäre, dass etwas in Ihrem Leben nicht stimmt.

Sollte diese Beschreibung auf Sie zutreffen, brauchen Sie mehr gesunden Egoismus. Sie müssen lernen, Ihre Bedürfnisse zu erkennen und zu verteidigen. Sonst haben Sie überall das Nachsehen gegenüber denen, die genau wissen, was sie wollen. Es ist nicht immer die Klügere, die nachgibt. Trauen Sie sich, öfter Nein zu sagen. Falls Sie sich dabei er-

Lösungen

tappen, schon wieder aus lauter Gewohnheit, einer Bitte zugestimmt zu haben, können Sie Ihr Ja jederzeit zurückholen: »Du, ich habe es mir anders überlegt. Es geht doch nicht.«

Die anderen verstehen es häufig sehr gut, ihre Wünsche anzumelden, und zwar so, dass sie bei Ihnen ganz oben auf der Liste stehen. Dabei sind das nicht unbedingt die wichtigen Angelegenheiten. Oder haben Sie noch nie erlebt, dass Ihr Chef mit wahnsinnig wichtigen Aufgaben auf Sie zugekommen ist, die alles Mögliche waren, aber bestimmt nicht wichtig.

Wenn Sie in Zukunft solche Aufträge von Ihrer Erledigungsliste streichen bzw. darauf achten, dass sie dort erst gar nicht auftauchen, und stattdessen Ihre Wünsche ganz weit oben notieren, sieht die Sache schon bedeutend freundlicher aus. Das Ganze ist so einfach wie Substraktion und Addition. Was andere von Ihrer Zeit abziehen wollen, können Sie selbst nicht mehr nutzen. Also lassen Sie das nicht mehr zu und fügen dafür hinzu, was Sie möchten.

Bevor man in den Flow kommt, muss man erst einmal Glücksmomente sammeln. Auf die Summe solcher Glücksmomente kommt es an. Ein Tag ohne Lächeln ist ein verlorener Tag, soll Charlie Chaplin gesagt haben. Für die Freude gilt das Gleiche. Ein Tag ohne Freude ist ein verlorener Tag.

Unerfreuliches vom Tag abzuziehen und Erfreuliches hinzuzufügen, ist noch in anderer Hinsicht hilfreich. So ganz lassen sich lästige Pflichten leider nicht aus dem Leben verbannen. Aber statt sie nun auf Kosten seiner Wünsche zu erledigen, sollte ein anderes Muss dafür weichen. Kommt also eine Last hinzu, wird eine weitere gestrichen.

Eine einfache Rechnung

Dieses Prinzip bewährt sich übrigens genauso, wenn es darum geht, das Gerümpel des Alltags übersichtlich zu halten. Sobald man etwas Neues gekauft hat, sortiert man eine alte Sache, die man nicht mehr braucht, aus. So halte ich es zum Beispiel mit meinen Bücherregalen. Da ich nicht wie diejenigen enden möchte, die wegen der vielen Bücher kaum noch in ihre Wohnung kommen, gebe ich bei jeder Neuanschaffung eines weg. Das klappt hervorragend.

Zu viele Dinge, Freunde, Pflichten, Termine, Pläne, Ideen? Kein Problem! Einfach ein paar abziehen. So addiert sich auf der Habenseite das bereits verloren Geglaubte: die freie Zeit.

Die Not-to-do-Liste

Einer der vielen Ausdrücke, die wir aus der amerikanischen Sprache übernommen haben, ist die »To-do-Liste«. Sie hat Aufnahme in den Duden gefunden und ist damit quasi amtlich. Der gute, alte Aufgabenzettel ist obsolet. Aber egal, wie man es benennen will: je länger die Liste, desto knapper die Zeit.

Deshalb wird der Tu-nicht-Zettel immer wichtiger. Er bringt die Zeit sofort zurück. Und das geht so: Sie erstellen Ihre To-do-Liste wie gewohnt. Dann nehmen Sie einen zweiten Zettel, streichen so viel wie möglich aus der Aufgabenliste und übertragen die entsprechenden Punkte auf die Not-to-do-Liste. Am Abend überprüfen Sie, ob Sie es geschafft haben, alles, was auf diesem Zettel stand, nicht zu tun.

Lösungen

Tu, was du nicht lassen kannst: Das könnte Ihre neue Devise werden. Was können Sie nicht lassen? Ihre Wünsche und Träume, wenn Ihnen Ihr Leben lieb ist. Alles andere muss warten. Es hat Zeit, wie man so schön sagt. Oder: Nichts ist so dringend, als dass es nicht noch dringender werden könnte. Bekanntlich ist nicht alles, was dringend ist, auch wichtig.

Wir haben es hier mit einem Paradoxon zu tun. Vielleicht haben Sie schon bemerkt, dass vieles im Leben widersinnig ist, zum Beispiel, dass man langsam machen sollte, wenn man es eilig hat, weil sonst die Gefahr besteht, dass man stolpert und hinfällt oder einen Unfall baut.

Genauso paradox ist es, dass das Dringende oft nicht wichtig und das Wichtige nicht dringend ist. Denken Sie nur an die mögliche Klimakatastrophe. Sie zu verhindern, wäre wichtig. Unseren Politikern scheint das Thema jedoch nicht dringend. Oder beherzigen sie nur den Rat, sich Zeit zu lassen, wenn man es eilig hat?

Wer Stress hat, neigt dazu, Unwichtiges für wichtig zu halten und das Wesentliche zu vernachlässigen. Achten Sie einmal darauf, ob Sie sämtliche Aufgaben, die Ihnen durch den Kopf gehen, automatisch wichtig nehmen. Glauben Sie alles, was Sie denken? Das sollten Sie ungeprüft lieber nicht tun (kommt gleich mit auf die Not-to-do-Liste). Sonst werden Sie selbst zu Ihrem größten Zeiträuber.

Die Tunix-Liste ist das Mittel der Wahl, um sich vom Überflüssigen zu befreien. Ob Sie sie schriftlich führen, bleibt Ihnen überlassen. Jedenfalls hat sie die Tendenz, Lust auf mehr zu machen:

Die Not-to-do-Liste

- am Sonntag nicht die Schwiegereltern besuchen
- die Wohnung nicht renovieren
- keinen neuen Pullover kaufen
- nicht ins Kino gehen

und für Fortgeschrittene:

- sich nicht mit der PartnerIn streiten
- im Sommer nicht verreisen
- bis zum Monatsende kein Geld mehr ausgeben
- nicht alles für dringend halten
- nicht so viel wichtig nehmen
- sich keine Pflichten aufschwatzen lassen
- ...

Würde man eine Liste wie diese gewissenhaft abarbeiten, hätte man mehr Zeit, mehr Geld, mehr Entspannung, mehr Spaß, mehr gute Beziehungen (außer mit den Schwiegereltern!) und vieles mehr. Nicht schlecht, oder?

Kreativität

Wo findet man die Lösungen, um seine Zeitprobleme loszuwerden? Die Probleme beginnen im Kopf. Deshalb findet man dort auch die Lösungen. Man ist immer nur einen Gedanken von Zeitfülle und Muße entfernt.

Den meisten dürfte die Vorstellung, dass Probleme im Kopf entstehen, ungewöhnlich vorkommen. Es sind doch die Kinder, die viel Zuwendung brauchen. Es ist doch die Arbeit, die sehr viele Stunden beansprucht. Es sind doch die kranken Eltern, die gepflegt werden müssen. Was hat der Kopf damit zu tun? Die Probleme sind doch keine Einbildung.

Diese Argumentation wirkt auf den ersten Blick logisch. Aber sie stimmt trotzdem nicht. Sie haben bestimmt auch von der Ministerin mit den sieben Kindern gehört. Sieben Kinder und noch Zeit, ein anspruchsvolles, politisches Amt zu bekleiden? Die Arbeit ist nicht unbedingt das Problem. Wenn sie keine Bürde ist und Selbstbestimmung zulässt, macht Arbeit Spaß und gibt mehr Kraft, als sie nimmt. Wenn die Pflege der kranken Angehörigen so organisiert wird, dass die Last tragbar ist, bleibt genug Zeit für das eigene Leben. Auch dafür gibt es eine Menge Beispiele.

Aber solche Lösungen setzen Kreativität voraus. Man muss sich etwas einfallen lassen, um Ministeramt und sieben Kinder miteinander zu vereinbaren. Man kann nicht den üblichen Pfaden folgen, wenn man Spaß an der Arbeit haben will. Sonst landet man – wie mein Freund – in einer Firma, die man sich niemals hätte träumen lassen, so langweilig und so zeitraubend. Es ist möglich, für die Pflege der kranken Eltern zu sorgen, ohne sich aufzuopfern. Bevor man diese Möglichkeiten ergreifen kann, muss man sie erst einmal erkennen.

Damit einem Lösungen einfallen können, braucht man Ruhe, also genau das, was Menschen, die unter Hektik und Zeitnot leiden, nicht haben. Dass Menschen in Panik den Kopf verlieren, ist bekannt. Sie sehen nicht mehr die naheliegendsten Rettungsmöglichkeiten.

Aber auch unterhalb der Panikschwelle erschwert der Stress die Wahrnehmung von Alternativen. Daher sind es

Kreativität

nicht gerade die Entspanntesten, die behaupten, es gehe nicht anders, man müsse so weitermachen wie bisher, der Status quo sei immer noch der beste Zustand. Deshalb ist es nicht ungewöhnlich, dass Menschen in Zeitstress resistent gegen Ratschläge von Außenstehenden sind.

Wie kommt man da heraus? Indem man das Gegenteil von dem tut, was vernünftig scheint. Man macht erst mal gar nichts, das aber richtig. Das heißt, man setzt sich hin und achtet nur auf den Atem. Die Aufmerksamkeit nur auf das Ein- und Ausatmen zu richten, ohne sich anzustrengen, fällt Gestressten verdammt schwer.

Probieren Sie es. Nur eine Minute, länger halten Sie das vielleicht gar nicht aus. Günstiger wären natürlich 15 Minuten, aber eine Atempause von einer Minute, die man tatsächlich macht, ist besser als eine von 60 Minuten, die man nicht macht. Gönnen Sie sich viele solcher Atempausen. Sie lassen sich überall leicht durchführen. Sobald Sie sich daran gewöhnt haben, können Sie die Dauer minutenweise auf 15 erhöhen.

Verbreitet sind solche Atempausen unter Zuhilfenahme von Zigaretten. Dann sind sie auch akzeptiert. Aber sagen Sie mal zu Ihren FreundInnen oder KollegInnen: »Ich geh mal kurz vor die Tür, atmen.« Sie können sich sicher sein, dass die denken, Sie hätten den Verstand verloren. In unserer leicht bis schwer verpeilten Gesellschaft ist jedoch das Verrückte – in dem Fall das Rauchen – normal und das Normale verrückt.

Der eigentliche Zweck der Atempausen ist nicht das Atmen, sondern die Ruhe, die sich dabei einstellt. Nicht gleich bei einer Minute, aber bei 15, sofern man dies regelmäßig

Lösungen

macht. Die aufgewühlten Gedanken und Gefühle beruhigen sich.

Ein schöner Nebeneffekt stellt sich ein. Lösungen tauchen wie aus dem Nichts auf. Manche kennen diesen Effekt vom Duschen, wo ein plötzlicher Einfall ein lange bestehendes Problem löst, für das man trotz oder wegen angestrengten Nachdenkens keinen Ausweg fand.

Man muss sich aber nicht allein auf die eigene Kreativität verlassen. Manchmal kann man sich von anderen etwas abschauen.

Vorbilder

Es ist keineswegs leicht, gegen den Strom zu schwimmen. Es ist überhaupt nicht einfach, trotz ungünstiger Umstände den eigenen Weg zu gehen. Es erfordert Widerspruchsgeist, Möglichkeitssinn und Widerstandskraft sowie einen Kopf, in dem das Denken auch mal die Richtung ändern darf.

Es gibt dazu einen wunderbaren Cartoon mit vielen kleinen Lemmingen. Sie wissen doch, das sind diese niedlichen Viecher, die sich angeblich bereitwillig von einer Klippe in den Tod stürzen. Und in diesem Cartoon erkennt man – bei genauer Betrachtung – einen einzelnen Lemming, der gerade in die entgegengesetzte Richtung unterwegs ist, weg vom Abgrund. Und er hat ein zartes Lächeln im Gesicht. Das ist, wie ich finde, eine schöne Illustration dieses »Trotzdem«. Finden Sie nicht auch?

Man kann es – wie der Lemming im Cartoon – auch schaffen, alleine gegen den Strom zu schwimmen. Um sich von Hektik und Zeitnot zu befreien, ist es jedoch nützlich, Vorbilder zu haben. Man muss ja nicht alles allein machen, sondern kann sich inspirieren lassen.

Mir ist zum Beispiel, seit ich wieder in Berlin lebe, aufgefallen, dass es hier an vielen Supermarktkassen deutlich entspannter zugeht, als ich das aus Hamburg gewöhnt war. Von keinem Kunden wird erwartet, wie ein Packroboter in Windeseile die gekauften Waren einzusacken, sondern es ist sogar noch Zeit für ein kleines Schwätzchen mit der Kassiererin. Wer hier keine Zeit hat, darf eben nicht einkaufen gehen. Das bekommen besonders drängelige Zeitgenoss-Innen auch schon mal offen gesagt.

Und ich sehe auf dem Kurfürstendamm immer wieder zwischen all den eilenden PassantInnen jede Menge FlaneurInnen, die geruhsam und vergnügt ihres Weges ziehen.

Kennen Sie den Ausspruch von Astrid Lindgren: »Und dann muss man ja auch noch Zeit haben, einfach dazusitzen und vor sich hinzuschauen.«? Es gibt sie: die Vorbilder für Zeitfülle. Wir brauchen sie nur zu entdecken.

Denken Sie nur an Grandma Moses, die vielleicht berühmteste Malerin naiver Kunst. Sie widerlegt alle, die glauben, für ihre Herzenssache sei es zu spät.

Grandma Moses lebte jahrzehntelang als Farmerin in einem kleinen Ort im Bundesstaat New York, bekam zehn Kinder und hatte alle Hände voll zu tun, bis sie im Alter von 75 Jahren zunächst anfing, Wollbilder zu sticken, und anschließend dazu überging, mit Ölfarben zu malen. Ein Kunstsammler entdeckte ihre Werke, die vom einfachen Leben auf dem Land erzählen, und brachte drei Bilder bis in

Lösungen

eine Ausstellung im Museum of Modern Arts. Der Rest ist, wie man so sagt, Geschichte.

Erfreulicherweise konnte Grandma Moses ihren späten Erfolg noch genießen, weil sie 101 Jahre alt wurde. Und ich bin überzeugt, dass sie genau deshalb so alt wurde, weil ihre Begeisterung sie getragen hat. Falls Sie sich also einmal sagen hören: »Dafür habe ich keine Zeit mehr. Ich bin zu alt«, denken Sie bitte an Grandma Moses.

Oder nehmen Sie sich ein Beispiel an Barbara Beskind, die sich mit 89 Jahren als Designberaterin im Silicon Valley erfolgreich initiativ beworben hat. Heute – mit mittlerweile 91 Jahren – fährt sie jeden Donnerstag mit dem Zug von ihrem Altersheim zu der Firma in Palo Alto, für die sie sinnvolle Hilfen für alte Menschen entwickelt, zum Beispiel eine Art Airbag, der vor Sturzverletzungen schützen soll.

Am besten aber werden Sie zur ZeitpionierIn und ein Vorbild für andere, indem Sie hier und dort, Tag für Tag, ein Gegengewicht zur allgemeinen Hetze bilden: hier ein bisschen langsamer machen, dort eine Pause einschieben oder im allergrößten Gedränge jemandem mit den Worten »Gehen Sie ruhig vor, ich habe Zeit« den Vortritt lassen.

Wenn man einen Blick dafür entwickelt, mangelt es wirklich nicht an Vorbildern. Auf keinen Fall fehlen dürfen dabei Helen und Scott Nearing. Sie haben ein hervorragendes Beispiel für Zeitfülle und Lebenslust gegeben, unter den schwierigsten Umständen.

Als die beiden 1932 während der Wirtschaftskrise in den USA beschlossen, aufs Land zu ziehen und eine heruntergekommene Farm in Vermont wieder flottzumachen, war

Scott bereits 50 Jahre alt. Die Nearings hatten keine Freude daran, in Bürojobs von 9 bis 17 Uhr zu versauern, sondern wollten Zeit haben zu reisen, neue Ideen zu entwickeln und ihre eigenen Lebensmittel herzustellen.

Vor allem aber war ihnen daran gelegen, nicht länger als vier Stunden täglich zu arbeiten. Und so geschah es: Jahrzehntelang ernteten sie sechs Tage in der Woche jeweils vier Stunden täglich Ahornsirup und bauten ihr Gemüse an, um in der restlichen Zeit ihren anderen Bedürfnissen nachzugehen. Das war die 24-Stunden-Woche, von der die WirtschaftsexpertInnen behaupten, dass sie nicht machbar sei.

Die Nearings allerdings nahmen davon keine Notiz und bauten auch noch in müheloser (!) Kleinarbeit mehrere Steinhäuser selbst. Mühelos insofern, als sie täglich von ihren Spaziergängen ein paar geeignete Bausteine mitbrachten, die sie, nachdem sie genug davon zusammengetragen hatten, im Do-it-yourself-Verfahren zu handwerklich gekonnten Bauten zusammensetzten.

Die beiden wurden später zum Anziehungspunkt für Menschen, die sich nach einem einfachen, erfüllten Leben sehnten. Scott wurde übrigens trotz (oder wegen?) des einfachen, aber guten Lebens körperlich und geistig gesund und munter 100 und Helen 91 Jahre alt.

Aber auch mitten in der Großstadt lässt sich Zeitfülle leben. Meinen Sie, dass ein Anwalt trotz ständiger »Eilsachen« und eines unausweichlich scheinenden Termindrucks Zeit haben kann? Ist es denkbar, sowie praktisch möglich, in diesem Beruf zu arbeiten, ohne jeden Abend noch dringende, fristwahrende Schriftsätze diktieren zu

Lösungen

müssen und erst am Wochenende zum ausführlichen Aktenstudium zu kommen?

Selbstverständlich geht das; denn das Einzige, was einen daran hindern kann, Zeit zu haben, sind die limitierenden Gedanken! Ich kenne eine Anwältin, die es geschafft hat, sich vom berufstypischen Stress nicht anstecken zu lassen. Die Wichtiges von Unwichtigem trennt, Fristsachen frühzeitig (!) bearbeitet, auch mal ein Mandat ablehnt und genau das tut, was nicht nur unter Anwälten üblicherweise so verpönt ist, nämlich um Punkt 18 Uhr »den Bleistift fallen zu lassen«. Und trotzdem – oder gerade deshalb? – sind ihre MandantInnen begeistert von ihrer ebenso effizienten wie entspannten Arbeitsweise.

Lassen wir uns nicht einreden, es ginge nicht, die Arbeit auch mal Arbeit sein zu lassen und hohe Kompetenz mit Freude am Nichtstun zu vereinbaren.

Kopfkino

Der Bewegungspädagoge Moshe Feldenkrais hat gesagt, dass man die Suppe nicht auslöffeln müsse, um zu wissen, dass sie versalzen ist. Diese Erkenntnis lässt sich wunderbar für unsere Zwecke nutzen.

Wer immer uns die »Suppe« eingebrockt hat, egal ob wir selbst es waren, die den Zeitstress herbeigeführt haben, oder ob andere kräftig mitgesalzen haben: Wir müssen sie nicht auslöffeln. Wir können an jedem beliebigen Punkt

Nein sagen und eine Richtung einschlagen, die uns die Zeit zurückbringt.

Auch im kleineren Maßstab hilft uns diese Einsicht weiter. Bereits am Morgen können wir in der Regel erkennen, ob die »Suppe« versalzen ist. Zeitknappheit und Hektik sind meist voraussehbar. Wenn Sie eine ellenlange To-do-Liste haben, braucht es keinen Hellseher, um voraussagen zu können, dass es (wieder einmal) ein stressiger Tag wird.

Wir müssen nichts weiter tun, als gleich nach dem Aufstehen oder noch im Bett nach dem Aufwachen unser Kopfkino zu besuchen. Dort spielt auf Wunsch die »Tagesschau«, nicht etwa die gleichnamige Nachrichtensendung, sondern eine Vorschau auf unseren Tag.

Dort sehen wir, wie eng unser Zeitplan ist, dass er überhaupt nur funktionieren wird, wenn garantiert alles wie am Schnürchen läuft. Eine unrealistische Erwartung, wenn wir ehrlich sind.

Dass die fünfjährige Maria sich im Bad so beeilt, wie uns das lieb wäre, ist unwahrscheinlich, nachdem sie gestern Abend so spät ins Bett gekommen ist. Wegen der vielen Baustellen wird es auf dem Weg zum Kindergarten einige Staus geben. Und ob die Kunden und Lieferanten alle pünktlich erscheinen werden? Wann gab es das zuletzt?

Frühestens um 15 Uhr wird eine kurze Pause möglich sein, kaum Zeit, etwas zu essen, bevor es weitergeht. Der Einkauf im Supermarkt lässt sich nicht noch mal verschieben. Und freitags ist es an den Kassen dort immer so voll. Dann schnell die Fertigpizzen in den Ofen, bevor Klaus und Karen kommen. Das wird bestimmt wieder ein langer Abend, schön, aber nach diesem Arbeitstag sehr anstren-

Lösungen

gend. Irgendwann auch noch Mutti anrufen und die Ergebnisse vom Hautarzt abfragen. Hoffentlich klappt das alles!

Ob ein Tagesplan entspannt abläuft, sollte keine Frage des Zufalls sein. Im obigen Beispiel ist fast alles vorhersehbar: dass Maria im Bad eine Menge Wasser und Zeit verplempern wird, die Staus vor den Baustellen, die engen Kundentermine, die zu späte Mittagspause, der Einkauf im vollen Supermarkt, der Besuch der Freunde und die tausend anderen Dinge, die noch eben so zwischendurch erledigt werden sollen.

Aussichtslos, wenn Sie mich fragen. Eine kurze Pause, zu viele Termine, ein ungünstiger Tag für den Wocheneinkauf, unrealistische Erwartungen an sich und die anderen. Diese »Suppe« ist eindeutig versalzen. Aber muss man sie auslöffeln, nach dem Motto: Augen zu und durch? Nein, jeder, der sich ein paar Minuten nimmt, den Tag im Kopf kurz durchzugehen, sieht, dass hier einige Entlastungen nötig und möglich sind.

Das könnte so aussehen: Robert bringt Maria in den Kindergarten. Das passt ihm zwar vielleicht nicht, aber dann ist es egal, wie lange Maria im Bad braucht. Einige Kunden anrufen und ihre Termine verschieben. Dadurch ist es möglich, am frühen Nachmittag einzukaufen, bevor der Run einsetzt, und mittags ist sogar Zeit für einen Imbiss. Nicht ideal, aber es verhindert, vor Hunger fast umzukippen. Dann ist es möglich, Klaus und Karen zu treffen, ohne total erschöpft zu sein. Und der Besuch muss auch nicht bis in die Nacht gehen, sondern kann um 23 Uhr beendet werden (»Tut mir leid, aber ich hatte einen anstrengenden Tag und bin hundemüde.«). Das Telefonat mit Mutti hat Zeit bis

Kopfkino

Samstag, und die Ergebnisse vom Hautarzt können bis Montag warten.

Durch eine solche Vorschau ist es möglich, das Schlimmste zu verhindern. Auf Dauer muss in solchen Fällen generell besser geplant werden. Die Mängel in seinen Tagesplänen kann man am besten erkennen, wenn man abends vor dem Schlafengehen oder im Bett eine kurze Rückschau abhält. Was ist gut gelaufen, was ist verbesserungsbedürftig? Was war zu viel? Was fehlte?

Auf diese Weise entstehen immer öfter »Suppen«, die nicht versalzen, sondern ausgesprochen lecker sind.

Zusammenarbeit

Gehören Sie zu denen, die denken, dass sie immer alles selber machen müssen? Entweder, weil sie niemanden haben, dem sie Aufgaben übertragen können, oder weil die Ergebnisse, die die anderen liefern, ihren Vorstellungen von Perfektion widersprechen, oder weil sie sich nicht trauen, eine gerechte Aufgabenverteilung zu verlangen?

Schade eigentlich; denn man kann sich das Leben wesentlich einfacher machen, wenn man imstande ist, zu delegieren. Das beginnt in der Familie. Jeder übernimmt einen Teil der Hausarbeit. Mutti kocht, Papi putzt, Sohnemann bringt den Müll raus, und Töchterlein wäscht ab. So könnte es aussehen.

Die Realität ist eine andere: Während in Schweden die Frauen nur 15 Minuten täglich länger im Haushalt arbeiten

Lösungen

als die Männer, sind es in Deutschland 74 Minuten. Das summiert sich in der Woche auf fast neun Stunden. Nun könnte man meinen, dass dies immer noch der »klassischen« Rollenverteilung geschuldet ist. Der Mann arbeite halt in der Firma, die Frau zu Hause. Stimmt aber nicht. Frauen übernehmen trotz ihrer Berufstätigkeit in der Regel mehr Arbeiten im Haushalt als ihre Partner.

Das wiederum ist schade, weil die Beziehung unter der ungerechten Aufgabenverteilung leidet. Frauen könnten also nicht nur Zeit sparen, sondern sich auch seltener über ihre Partner ärgern, wenn die Hausarbeit neu organisiert würde, am besten gleich unter Einbeziehung der Kinder.

Wie wäre es mit einem Putzplan, wie er in Wohngemeinschaften üblich ist? Tauschen Sie Perfektion gegen Zeit. Nicht jeder hat die gleichen Vorstellungen von »sauber«. Ärzte fordern seit Langem mehr aktive Immunisierung. Sie schlagen also drei Fliegen mit einer Klappe: mehr Zeit, mehr Zufriedenheit, weniger Allergien.

Ungerechte Aufgabenverteilungen gibt es nicht nur zu Hause, sondern auch in der Firma. Achten Sie darauf, dass nicht alles an Ihnen hängen bleibt. Vielleicht fühlen Sie sich geschmeichelt, weil die Chefin lieber Sie mit den Arbeiten betraut als andere. Auf Sie ist stets Verlass. Sie können es am besten. Aber um welchen Preis? Während der »Durchschnitt« schon seinen Feierabend genießt, sitzen Sie noch im Büro. Ohne Lohnzuschlag, versteht sich.

Die englische Redensart: »Love it, leave it or change it«, ist inzwischen auch bei uns bekannt. Ich würde sie in unserem Zusammenhang so interpretieren:

Zusammenarbeit

Love it: Werde dir darüber klar, was du gerne tust. Widme dich dem mit ganzem Herzen.

Leave it: Setz so viel wie möglich auf die Tunix-Liste. Du musst dich nicht um alles kümmern. Vieles erledigt sich von allein. (Wer putzt die Fenster unter dem Dach?, habe ich einen Hausmeister mal gefragt. Seine Antwort: Der Regen.) Je weniger Pflichten, desto mehr Zeit für die Erfüllung deiner Bedürfnisse.

Change it: Verteile die Lasten auf viele Schultern. Du musst nicht alles alleine machen. Menschen haben sich von Anbeginn in Gruppen organisiert. Teams sind leistungsfähiger. Das Prinzip der Arbeitsteilung hat sich als effektiver erwiesen.

Wenn alle zusammenarbeiten, hat jeder mehr Zeit. Theoretisch jedenfalls. Unsere Gesellschaft leistet sich nämlich den grandiosen Unsinn, an einer Wochenarbeitszeit von ungefähr 40 Stunden festzuhalten. Die enorm gestiegene Produktivität würde nach Ansicht vieler ExpertInnen eine Halbierung der Arbeitszeit zulassen. Ideologische Vorbehalte verhindern dies bisher.

Immer mehr Menschen warten deshalb nicht länger, bis unsere PolitikerInnen Lösungen finden, sondern schaffen sich selber welche. Überall entstehen neue Formen des solidarischen Wirtschaftens und Arbeitens, des fairen Handels – und eines besseren Umgangs mit der Zeit, sodass Zeitfülle und Gelassenheit schon jetzt möglich werden.

Strategien für das Unwesentliche

Das Unwichtige hat die Tendenz, sich immer wieder in den Vordergrund zu drängen. Deshalb bleibt es eine ständige Aufgabe, die Aufmerksamkeit auf das Wichtige zu lenken. Täglich stehen wir vielfach vor der Wahl, womit wir uns beschäftigen wollen.

Zahlreiche Angebote ringen um unser Interesse. Wenn man keine klaren Ziele und Prioritäten gesetzt hat, wird man von dem Ansturm überwältigt. Anrufe, E-Mails, Werbebotschaften, Nachrichten: Das und vieles mehr kommt unaufhörlich von außen auf uns zu.

Nicht weniger ablenkend sind spontane Einfälle, die aus dem Inneren kommen. Typischerweise führt eine Idee zur nächsten. Wie wäre es, sich kurz mal mit X zu beschäftigen? Wenn ich bei X bin, könnte ich gleich auch noch Y machen!

Solche Störungen sind normal. Jeder kennt sie. Aber wie wir damit umgehen, ist entscheidend. Dass das Smartphone klingelt, lenkt uns nur für einen Moment ab. Aber sobald wir »nur kurz« gucken wollen, wer da anruft, begeben wir uns auf Abwege. »Hallo, Sven, eigentlich wollte ich gar nicht rangehen. Was gibt's denn?« Nun macht Sven Ihnen ein Angebot, das Sie unmöglich ablehnen können. »Okay, dann in zehn Minuten.« Damit sind Ihre guten Vorsätze für diesen Tag über den Haufen geworfen.

Studien haben nachgewiesen, dass wir unsere Fähigkeit, Verlockungen nachzugeben, stark überschätzen. Wer die Keksdose im Supermarkt mitnimmt (»nur für Gäste, damit ich was im Haus habe«), obwohl er abnehmen will, darf sich nicht wundern, wenn er abends auf dem Sofa die ganze Packung leert und sich anschließend auch noch die Nüsse holt, weil er nach dem »süßen Zeug« etwas Herzhaftes braucht.

Deshalb ist es am besten, Ablenkungen aller Art schon im Ansatz nicht weiter zu beachten. Das Smartphone klingelt. Na, und?

So kommt die Kette möglicher Störungen erst gar nicht in Gang. Mit der Wahl seiner Prioritäten und der Not-to-do-Liste hat man bereits die notwendigen Vorarbeiten getroffen und die Weichen in die gewünschte Richtung gestellt. Nun gilt es, konsequent zu bleiben.

Kaum jemandem gelingt es, sich nie ablenken zu lassen. Das ist jedoch nicht der Punkt. Es kommt vielmehr darauf an, wie oft einem dies passiert und wie lange man braucht, wieder in die richtige Spur zurückzukehren.

Die Atempausen, die ich Ihnen vorhin vorgeschlagen habe, erfüllen noch einen weiteren Zweck. Indem man für ein paar Minuten allein auf das Atmen achtet, befreit man sich einerseits von der Hektik. Man zentriert sich aber auf diese Weise auch leichter auf das Wesentliche.

Man lernt, mit Ablenkungen und Störungen besser umzugehen. Man gibt nicht jedem Impuls sofort nach. »Ich müsste noch schnell dies und das erledigen.« Später, jetzt ist nur der Atem wichtig. Und falls Sie sich Sorgen machen, dass Sie einen dringenden Einfall vergessen könnten, legen Sie sich einen Notizblock zurecht, schreiben die Idee auf und machen dann wie geplant weiter.

So schult man sich darin, bei einer Sache und bei sich zu bleiben. Für viele ist dies heute eine große Herausforde-

Lösungen

rung. Spontaneität hat zu Recht einen guten Ruf. Aber im Übermaß verhindert sie die Verwirklichung der Träume mehr, als dass sie sie fördert. Machen Sie es lieber wie diese Person: »Ich habe lange überlegt, und dann habe ich spontan gehandelt.«

HINDERNISSE

Sie sind bereits einen großen Schritt weitergekommen, wenn Sie herausgefunden haben, was Ihnen wirklich wichtig ist. Sie haben das Unwesentliche vom Wesentlichen getrennt.

Jetzt geht es darum, das Wesentliche zu leben, und auf diesem Weg gibt es eine Menge Gutes zu entdecken. Es gibt allerdings auch eine ganze Anzahl von Hindernissen. Hindernisse sind ein wenig wie die Drachen im Märchen, die nur darauf warten, die HeldInnen mit Fauchen und Feuerspeien von Ihrem Vorhaben abzubringen. Die Drachen sagen z.B.: »Du hast keine Wahl, du bist nur ein Rädchen im Getriebe«, »Ja, hast du denn nichts Besseres zu tun, als hier herumzusitzen?« oder »Für Träume ist keine Zeit, beeil dich lieber« und »Du bist zu alt, zu jung, zu arm für ...«.

Manchmal zeigen sich die Drachen aber auch von ihrer verführerischen Seite und flüstern: »Schau mal, wenn du schnell zugreifst, kannst du auch das und dies hier noch haben. Das Angebot gilt aber nur für kurze Zeit!« oder »Alle werden dich lieben, wenn du dieses und jenes für sie tust. Es geht doch eigentlich ganz schnell.«

Je besser Sie alle potenziellen Zeitmonster kennen, desto erfolgreichere DrachenkämpferInnen können Sie werden. Und hier kommen ein paar Tricks:

Das Zauberwort

Früher hieß das Zauberwort einmal »bitte«. Dieses Wort öffnete Türen und Herzen. Man sagte: »Könnte ich bitte noch ein Stück Kuchen haben?« Damit galt man als höflich und angenehm, und der Wunsch wurde einem gerne erfüllt.

Das scheint lange vorbei zu sein. Heute meinen viele, das neue Zauberwort heiße »sofort«. »Ich will alles, und zwar sofort.« Warten fällt den meisten sehr schwer. Die Zeit scheint knapp geworden. Wunder werden durch so viel nervöse Ungeduld jedoch keineswegs bewirkt.

Das wahre Zauberwort, das Sie dorthin bringt, wo Sie sein wollen, heißt vielmehr »Selbstbestimmung«. Es ist ein Wort, welches alle DiktatorInnen – die großen und die kleinen – hassen. Auch alle Manipulateure (also die sanften Diktatoren) fürchten es; denn es ist in der Lage, ihre Macht zu brechen. Das tut es allerdings nicht dadurch, dass Sie es aussprechen, sondern nur, indem Sie selbst von der Macht der Selbstbestimmung überzeugt sind und danach handeln.

Wer bestimmt, was Sie in den 24 Stunden machen, die Ihnen jeden Tag gegeben sind? Wer bestimmt, wie Sie Ihr Leben leben? Wer bestimmt, was Sie tun und was Sie lassen? Könnte es sein, dass die Antwort auf alle drei Fragen: »Sie allein« heißt?

Woran liegt es, dass die eine Leuchtturmwärterin irgendwo an der französischen Atlantikküste und der andere Chirurg in einer großen Unfallklinik geworden ist, der Dritte als Housesitter um die Welt reist, um in den Anwesen der Reichen nach dem Rechten zu sehen, während die Vierte als Börsenmaklerin gewöhnt ist, Entscheidungen in Sekundenschnelle zu treffen? Könnte es sein, dass sich alle vier ihre Berufe, mit ganz unterschiedlichen Anforderungen an ihre Stressresistenz, selbst ausgesucht haben? Und lassen sich vielleicht auch Berufe mit einem hohen Stresspotenzial entspannt ausüben?

Nicht selten haben wir das Zauberwort »Selbstbestimmung« leider im Laufe unseres Lebens vergessen. Wir glauben nun, den Umständen ausgeliefert zu sein, und fühlen uns fremdbestimmt. Die Menschen um uns herum, unsere Eltern, Verwandten, LehrerInnen, Chefs und manchmal auch unsere FreundInnen haben uns oft genug eingeredet, dass unsere Träume Schäume seien, die bei der ersten Gelegenheit wie Seifenblasen zerplatzen würden. Sie haben behauptet, dass sie am besten wüssten, was für uns gut sei oder was eben einfach gemacht werden müsse, weil es immer schon so gemacht worden sei. Das Negativmantra TINA (There Is No Alternative = Es gibt keine Alternative) wird allerdings zu Recht von allen karikiert, die ihren Verstand nicht an der Garderobe abgegeben haben.

Fallen Sie nicht auf die Status-quo-Liebhaber herein, die Ihnen weismachen wollen, Sie könnten nichts weiter tun, als zu funktionieren. Entdecken Sie das wahre Zauberwort

Das Zauberwort

wieder, das Ihnen als kleines Kind leuchtende Augen ins Gesicht gemalt hat. »Ich kann! Ich allein!«, ruft die Zweieinhalbjährige begeistert, die sich zum allerersten Mal ihrer Kräfte bei irgendeiner neuen Aufgabe bewusst wird. Kehren Sie zu dieser Freude zurück und widerlegen Sie alle, die behaupten, Sie könnten irgendetwas nicht. Stimmt, einiges können Sie tatsächlich nicht ... noch nicht!

Das größte Hindernis beim Zurückerobern der Zeit ist die Überzeugung, Spielball der Umstände zu sein. Woher kommt dieses Denken?

Wenn wir, nach einem anstrengenden Tag im Büro, »nur noch schnell« zum Supermarkt hetzen und danach »noch mal eben« Onkel Alfred anrufen, um anschließend »nur kurz« das Hemd für den nächsten Tag zu bügeln: Wer bestimmt dann über uns?

Ist es Onkel Alfred, der Supermarkt oder gar das Hemd? Oder sind wir es, mit Gedanken wie: »Wer ungebügelte Hemden trägt, hat die Kontrolle über sein Leben verloren«, »Ein guter Neffe meldet sich wenigstens einmal im Monat bei seinem Onkel« oder »Ohne diesen großen Schoko-Sahne-Becher ist mein Abend gelaufen«?

Wie wäre es, wenn wir dächten: »Ich ziehe einfach das Hemd von heute morgen noch mal an, melde mich bei Onkel Alfred im Laufe der Woche und esse die Nudeln, die noch im Kühlschrank sind«? Wir sind uns, so hoffe ich, darüber einig, dass dadurch jedenfalls nicht die Welt unterginge, oder? Und was wäre das Ergebnis dieses neuen Denkens? Wir hätten plötzlich deutlich mehr: Zeit! Unglaublich, aber wahr!

Jetzt höre ich einige meiner LeserInnen rufen: »Das ist ja

alles gut und schön, aber ich kann das nicht.« Oder scheinbar etwas allgemeingültiger: »Das geht doch nicht einfach so.«

Deshalb möchte ich grundsätzlicher werden, weg von den ungebügelten Hemden, dem Schokobecher und dem Verwandtenkontakt und zurückkehren zu der schon oben gestellten Frage, wer in Ihrem Leben bestimmt. Wer entscheidet, was in Ihrem einzigen (soweit wir wissen), kostbaren und unverwechselbaren Leben geschieht? Sind Sie das oder »die Umstände«?

Wer hat Ihren Beruf gewählt, wer den Partner, mit dem Sie zusammenleben, ausgesucht, wer Ihre Kinder in die Welt gesetzt? Und wer fasst montags bis freitags den Entschluss, morgens ins Büro zu gehen und nicht ins Schwimmbad? Ich gehe davon aus, dass 99,99 Prozent der Menschen in Deutschland dies freiwillig tun und sich genauso gut anders entscheiden könnten.

Wirklich? Neuerdings ist zu hören, die Hirnforschung habe bewiesen, dass es den freien Willen gar nicht gebe. Abgesehen davon, dass es »die« Hirnforschung gar nicht gibt, sondern nur einzelne Wissenschaftler, die in fast allen wesentlichen Fragen unterschiedlicher Meinung sind, will ich mich hier auf keinen akademischen Streit einlassen.

Jeder kann für sich in Anspruch nehmen, unfrei zu sein, so wie in der Geschichte, in der der Angeklagte behauptet, er habe nicht anders handeln können, als das Opfer zu erstechen, und die Richterin daraufhin sagt: »Ich kann auch nicht anders. Sie bekommen lebenslänglich.«

Sie kennen vielleicht das oft zitierte Beispiel, wonach es lange für unmöglich gehalten wurde, dass ein Mensch die

Meile (ungefähr 1,6 Kilometer) in weniger als vier Minuten laufen könne. Namhafte Mediziner meinten, jedem, der es versuche, würde die Lunge platzen. Nachdem es einem Leichtathleten ohne körperliche Schäden dennoch gelungen war, schafften es in der Folgezeit weitere Hochleistungssportler. Heute läuft kein Weltklasseathlet mehr über vier Minuten. Die Verhältnisse haben sich umgekehrt. Alle (wissenschaftlichen) Einwände sind längst vergessen.

Pragmatisch gesehen, scheint es sich mit dem freien Willen so zu verhalten: Wer glaubt, in seinen Entscheidungen frei zu sein, wird meistens feststellen, es tatsächlich zu sein. Alle, die annehmen, unfrei zu sein, werden sich gleichfalls in ihrer Annahme bestätigt sehen.

Was glauben Sie, wer mehr aus seinem Leben macht: die Person, die davon überzeugt ist, frei entscheiden zu können oder die, die sich für fremdbestimmt hält?

Wenn ich mich als Spielball der Umstände und der diversen Zeitdiebe fühle, habe ich jedoch einen vermeintlichen Vorteil. Ich brauche nie zu sagen: »Weißt du was? Ich habe einfach keine Lust, auf diese Party zu gehen, diese anstrengende Wandertour mitzumachen oder dir beim Umzug zu helfen«, sondern kann mit zerknirschter Miene oder sogar mit dem falschen Stolz eines Workaholic verkünden: »Ich würde ja wahnsinnig gerne, aber ... hilft nichts, keine Zeit.«

Fragen wir uns also immer dann, wenn wir uns sagen hören »Leider kann ich nicht ...«, ob das wirklich stimmt. Kann ich nicht, oder will ich nicht? Trauen Sie sich, zuzugeben, dass Sie etwas nicht möchten, auch wenn Sie eigentlich die erforderliche Zeit dafür hätten. Sonst glauben Sie Ihre Märchen am Ende selbst.

Hindernisse

Wer so lebt, als habe er keinen freien Willen, ist zwar von der Selbstverantwortung befreit, aber steckt ansonsten in der Falle. Tun Sie sich das nicht an! Benutzen Sie wenigstens sich selbst gegenüber das Zauberwort »Selbstbestimmung« jetzt regelmäßig, immer dann, wenn ein Zeithindernis Ihnen den Weg versperren will.

Das neue ABC

In der Schule haben die meisten von uns lesen und schreiben gelernt. Wenn man bedenkt, dass im späten 18. Jahrhundert in Deutschland noch ca. 40 Prozent der Bevölkerung AnalphabetInnen waren, ist das enorm.

Etwas ebenso Wichtiges wurde uns aber nicht beigebracht: das ABC der Gefühle. Deshalb glaubt die große Mehrheit immer noch, ihre Gefühle würden unmittelbar durch bestimmte Situationen hervorgerufen. Dies spiegelt sich in ihren Äußerungen: »Er hat mich sehr enttäuscht«, »Sie kann einen ganz schön auf die Palme bringen«, »Durch die kurze Abgabefrist war ich total im Stress«.

In Wahrheit sind es nicht die Umstände, die unsere Emotionen hervorrufen, sondern unsere Bewertungen lassen uns so oder so fühlen. Das wussten bereits der Buddha und der Philosoph Epiktet. Die Kognitive Verhaltenstherapie hat den Zusammenhang zwischen dem Denken und Fühlen mittlerweile in vielen Studien bewiesen. Nicht das Aktivierende Ereignis (A) führt zu unserer Reaktion (C, für englisch *consequence*), sondern unsere Bewertung (B) des Ereignisses.

Das ABC der Gefühle, das in den 1950er-Jahren von dem amerikanischen Psychologen Albert Ellis neu entdeckt wurde, stellt einen Meilenstein in der Geschichte der Psychologie dar. Bis dahin glaubten viele Psychologen, sofern sie sich überhaupt Gedanken darüber machten, an ein stures Reiz-Reaktions-Schema. Sie leiteten dies aus Experimenten mit Ratten ab, denen jedoch höhere kognitive Fähigkeiten fehlen.

Dass die Gefühle von den Gedanken abhängen, kann jeder daran erkennen, dass verschiedene Menschen völlig unterschiedlich auf Situationen reagieren. Ein Beispiel: Eine Wartezeit, für sich genommen, bringt einen nicht in Stress. Denken Sie an das Wartezimmer Ihrer Ärztin. Da gibt es sowohl Personen, die nervös mit den Füßen scharren, als auch Menschen, die ruhig in einem Buch lesen. Die Gefühle ein und derselben Person können sich sogar während des Wartens ändern. Sie haben bestimmt auch schon erlebt, dass sich ein Artikel in einer der ausgelegten Zeitschriften plötzlich als so interessant herausstellte, dass man bedauerte, mitten beim Lesen aufgerufen zu werden, obwohl man zunächst ungeduldig genau darauf gewartet hatte.

Nicht selten legen uns kollektive Denkgewohnheiten die eine oder andere Reaktion nahe. In vielen Ländern Afrikas warten Menschen stundenlang auf einen Bus, ohne ihre Ruhe zu verlieren. In Deutschland dagegen reagieren etliche Reisende mit Schimpfkanonaden auf die Verspätung eines ICE, selbst wenn es sich nur um wenige Minuten handelt.

Hindernisse

Es kommt immer auf den Kontext an, in den wir ein Erlebnis stellen. Nehmen wir bei einer Konferenz, die uns langweilt, teil, scheint die Zeit stillzustehen. Ganz anders beim Treffen mit einem guten Freund. Man erzählt, lacht und die Stunden vergehen wie im Flug. Ein anderer Mensch dagegen findet dieselbe Konferenz hoch spannend, würde sich mit dem Freund jedoch langweilen.

Wenn man denkt: »Ich würde mich jetzt gerne ein bisschen ausruhen, muss aber unbedingt erst noch die vielen E-Mails beantworten«, fühlt man sich zwangsläufig gehetzt und unfrei. Bedeutet das Schreiben der E-Mails jedoch eine willkommene Ablenkung von den Sorgen, die man sich möglicherweise während des Ausruhens machen würde, sieht die Sache schon ganz anders aus.

Achten Sie einmal darauf, mit welchen Gedanken Sie persönlich sich vom Ausruhen abhalten. Zuerst gehen Ihnen vielleicht Sätze durch den Kopf wie: »Ich muss weitermachen, sonst wird das nie was« oder »Ich bin eh schon in Verzug, das muss ich aufholen«, »Wenn ich das jetzt nicht gleich schaffe, kann ich mir nicht mehr in die Augen sehen.«

Und wie könnten Sie denken, um sich zufrieden zurückzulehnen? Wäre es so etwas wie: »Für heute ist es genug. Jetzt habe ich eine Pause verdient« oder »Nur wer es versteht, Pausen zu machen, kann auf Dauer erfolgreich sein«?

Sich seiner Gedanken und Bewertungen bewusst zu werden, erfordert sowohl Achtsamkeit als auch Übung. Wem das ABC der Gefühle noch fremd ist, der wird behaupten: »Ich habe überhaupt nichts gedacht, sondern war sofort im Stress.« Das liegt daran, dass die gewohnten Gedanken

Das neue ABC

automatisch ablaufen, so wie man sich einen Kaffee zubereitet, ohne sich der einzelnen Handgriffe bewusst zu sein.

Es ist aber nicht besonders schwer, seine Gedanken ins Bewusstsein zu holen. Experimentieren Sie einfach mal damit. Wenn Sie das nächste Mal auf etwas emotional heftig reagieren, überlegen Sie sich anschließend, was Sie sich innerlich gesagt oder was Sie vor Ihrem inneren Auge gesehen haben, bevor das intensive Gefühl auftrat.

Wie haben Sie mit sich gesprochen? Wenn Sie beispielsweise im Stau stehen und darüber sehr wütend sind, sind Ihnen vermutlich Gedanken durch den Kopf gegangen wie: »Wenn ich zu spät zu dem Termin erscheine, macht mein Chef bestimmt ein Riesentheater. Die Gehaltserhöhung kann ich mir dann abschminken«, oder »Warum müssen diese ganzen Vollpfosten ausgerechnet auch auf meiner Strecke fahren. Es gibt doch genug andere Straßen«. Vielleicht haben Sie sich auch selbst beschuldigt: »Was bist du für ein Idiot! Warum bist du nicht früher losgefahren!«

Den Zusammenhang zwischen dem Denken und Fühlen zu begreifen, ist die Voraussetzung dafür, sich nicht unter Zeitdruck zu setzen. Nicht die Zeit drückt, sondern wir sind es leider selbst. Es ist auch nicht Ihre Chefin, die den Druck macht; denn wenn Sie sich ihr gegenüber innerlich abschirmen oder Flagge zeigen, prallt der ganze äußere Stress an Ihnen ab.

Wer das ABC der Gefühle erst einmal beherrscht, weiß, wie leicht sich Stimmungen mit den entsprechenden Gedanken hervorrufen lassen, und nutzt dieses Wissen, um sich bei Bedarf zu beruhigen oder sogar aufzuheitern.

Hindernisse

Wer bei dem verpassten Flieger denkt: »Wer weiß, wozu das gut ist? Vielleicht stürzt diese Maschine ab, oder ich lerne in der Wartezeit die Frau meiner Träume kennen«, ist neugierig auf das, was kommen wird, und jenseits von Ärger oder Verzweiflung. Hetze und Zeitnot sind dann kein Thema mehr.

Wir fühlen so, wie wir denken! Das ist die revolutionäre Botschaft der Kognitiven Verhaltenstherapie, die es anzuwenden gilt. Nichts und niemand kann uns in Zeitstress bringen. Das können nur wir selbst durch bestimmte Gedanken. Wir empfinden unsere Zeit als furchtbar knapp, wenn wir sie mit den falschen Dingen verbringen. Oder wir haben nur deshalb keine Zeit für X, weil wir meinen, Y tun zu müssen. Oder wir rasen von einer Sache und einem Erlebnis zum nächsten, weil wir glauben, wir müssten all dies unbedingt tun, um glücklich werden zu können – und erreichen damit doch nur das Gegenteil.

Wir werden nur dann Opfer der Schnelllebigkeit, wenn wir es zulassen. Jeder, der fest dazu entschlossen ist, kann diesen Irrsinn hinter sich lassen. Zur Erinnerung: Selbstverantwortung! Das Zauberwort.

Wir können aus dem Hamsterrad aussteigen. Unsere Gedanken sind frei und lassen uns die Wahl, Druck aufzubauen oder Dinge gelassen zu sehen. Wir können uns unter Zeitdruck setzen oder Zeitfülle genießen.

Alles, womit wir uns einreden, etwas nicht zu können oder etwas unbedingt zu müssen, limitiert unser Leben. Alles, womit wir uns unsere Möglichkeiten klarmachen, weitet unseren Horizont und lässt unser Leben bunt und lebenswert sein.

Das neue ABC

Sie können sich jederzeit selbst davon überzeugen: Wie sprechen Sie mit sich, um sich in Zeitnot zu bringen? Was können Sie sich sagen, um Zeitreichtum zu empfinden?

Probieren Sie es einmal aus!

Unsere Zeit schaffenden oder raubenden Denkgewohnheiten aufzudecken, innere Grenzen zu erweitern und unsere – manchmal jahrzehntealten – Überzeugungen zu verändern: All das geht nicht von heute auf morgen. Das muss es auch nicht. Sie haben ja Zeit!

Die Ohnmacht der Umstände

Fast jeder, dem es an Zeit fehlt, macht die Außenwelt dafür verantwortlich. Diese Menschen vom Gegenteil zu überzeugen, ist nicht leicht. Was ist das Gegenteil? Die Innenwelt! Unsere Gedanken sind es, die uns daran hindern, zu tun, was wir wollen. Wenn wir das Denken ändern, holen wir uns die verloren geglaubte Zeit zurück.

Ich höre allerdings häufig folgende Einwände: »Soll das etwa heißen, ich bin auch noch selbst schuld an meinem Dilemma? Ich schufte mich fast zu Tode, komme zu nichts anderem mehr, und Sie erzählen mir, das mache ich alles selbst?« Andere sagen sogar: »Das Sein bestimmt das Bewusstsein. Wie soll ich mich gegen die Umstände wehren?«

Fangen wir mit dem letztgenannten Argument an. Ich behaupte: Das Sein bestimmt das Bewusstsein, aber das Bewusstsein bestimmt auch das Sein. Die Vorstellung, wir würden nur auf unsere Umwelt reagieren, ist überholt. Die

Hindernisse

Behavioristen dachten noch, man könne Menschen durch vorgegebene Reize zu bestimmten Reaktionen zwingen. Sie waren eine Zeit lang davon überzeugt, Menschen genauso wie Ratten dressieren zu können. Diese Thesen haben sich jedoch als falsch erwiesen.

Zwar trifft es zu, dass jeder Mensch bestimmte Gewohnheiten herausbildet und man mit einer gewissen Sicherheit voraussagen kann, wie er sich in einer bestimmten Situation verhalten wird. Sobald die Person jedoch flexibler in ihrem Denken und Handeln wird, ist Schluss mit den zuverlässigen Prognosen.

Beispiel: Jemand steht jeden Morgen um sieben Uhr auf. Jeder, der diesen Menschen kennt, kann sicher sein, dass derjenige Punkt sieben aus dem Bett springt. Aber eines Tages überlegt er sich, dass er ab und zu eine Morgengymnastik machen will. Deshalb steht er an einigen Tagen eine halbe Stunde früher auf. Ob er Frühsport treiben will oder nicht, entscheidet er am Vorabend. Nun ist es für Dritte unmöglich, eine zuverlässige Prognose abzugeben, ob dieser Mensch um 6.30 Uhr oder um 7.00 Uhr aufstehen wird.

Bis dahin konnte man den Eindruck haben, allein das Klingeln des Weckers bestimme, wann er den Tag beginnt. Aber das war nie der Fall. Er steht zwar auf, wenn der Wecker klingelt, aber wann die Uhr ihn aus dem Schlaf reißt, entscheidet er. Seit er an einigen Tagen (aber an welchen?) eine halbe Stunde früher das Bett verlässt, muss auch der härteste Verfechter der Konditionierung eingestehen, dass diese Person unberechenbar geworden ist und der Wecker nur so viel Macht über sie besitzt, wie sie ihm einräumt.

Was bedeutet das für uns? Sind wir frei, über unsere Zeit

Die Ohnmacht der Umstände

zu verfügen oder nicht? Man muss doch jeden Tag im Büro erscheinen und kann nicht so einfach weiterschlafen, wie man will. Wirklich? Was ist denn mit den Selbstständigen? Die können, je nachdem, was sie tun, schon darüber entscheiden, wann sie morgens aufstehen wollen. Es gibt solche Berufe. Denken Sie mal drüber nach.

Wenn die Eltern anrufen und sagen, man solle am Sonntag zum Kaffeetrinken kommen, kann man doch nicht Nein sagen, oder? Das bestimmen die Eltern. Wer sonst? Wenn Sie das glauben, haben Sie wirklich ein Problem, und zwar nicht nur ein Zeitproblem. Dann scheinen Sie noch nicht wirklich erwachsen geworden zu sein; denn sonst würden Sie über Ihre Zeit allein verfügen und es nicht mehr Ihren Eltern überlassen.

Sie haben einen großen Freundeskreis. Eine Einladung folgt auf die nächste. Da wird die Zeit manchmal ziemlich knapp, nicht wahr? Absagen geht natürlich nicht. Das würden die Ihnen sehr übel nehmen. Sie haben keine Wahl. Sie müssen da hingehen. Wenn Sie so denken, ist es kein Wunder, wenn Sie glauben, dass die Umstände Ihr Leben bestimmen.

In Wirklichkeit sind Sie für Ihr Leben weitgehend verantwortlich. Ja, auch dafür, ob Sie Zeit haben. Sie entscheiden, ob, was und wie viel Sie arbeiten; ob und wen Sie heiraten; ob Sie Kinder bekommen; ob und wie viele Freunde Sie haben und wann Sie diese treffen; ob und welche Hobbys Sie haben und wie viel Zeit Sie sich dafür nehmen.

Mag sein, dass Sie einige Ihrer Entscheidungen bedauern. Meistens lassen sich diese ändern. Ob Sie das wollen, ist allein Ihre Sache, es sei denn, Sie sind es gewöhnt, andere über Ihr Leben bestimmen zu lassen. Aber wie gesagt, dann haben Sie eigentlich kein Zeitproblem, sondern eines mit Ihrer Selbstverantwortung.

Und damit wären wir auch schon bei der Frage, ob man selber schuld sei, wenn man keine Zeit habe. Schuld ist ein emotional ziemlich aufgeladener Begriff. Ehrlich gesagt, habe ich überhaupt keine Lust, darüber zu befinden, ob jemand die Schuld daran trägt, Zeitstress zu haben. Ich bin kein Richter. Ich weiß nur, dass diejenigen, die glauben, dass sie ihr Leben selbst regeln können, es im Großen und Ganzen auch schaffen, und das schließt die freie Verfügung über ihre Zeit mit ein. Die anderen dagegen, die stets ihrer Umgebung die Schuld geben, sehen immer wie deren Opfer aus. Andauernd passieren Dinge, die sie daran hindern, das zu tun, was sie »eigentlich« machen wollen. Ständig kommt – wie aus heiterem Himmel – etwas dazwischen. Zeit haben solche Menschen nur, wenn die Umstände es ihnen erlauben.

Was mich betrifft, habe ich mich festgelegt: Die Umstände sind machtlos. Ich habe so viel Zeit, wie ich will. Aber nur, wenn ich aufpasse und nicht, wie so viele andere, in die Opferhaltung rutsche. Das passiert auch mir manchmal. Aber dann übernehme ich wieder das Ruder und korrigiere den Kurs. Etwas anderes möchte ich niemandem empfehlen.

Die Ohnmacht der Umstände

Die Tradition

Jede Kultur hat ihren eigenen Umgang mit der Zeit. Während bei uns mit Hundertstelsekunden gerechnet wird, richten sich einige Naturvölker immer noch nach dem Stand der Sonne. Wir arbeiten in der Regel viel, verplanen unsere gesamte Freizeit, tragen eine Uhr am Handgelenk – und sind gestresst, weil wir keine oder zu wenig Zeit haben.

Das war mal anders, zum Beispiel, als wir Kinder waren. Wir durften spielen, hatten keinen Begriff von morgen, die Erinnerung an gestern war blass. Es war immer jetzt. Aber da wir nicht auf das Leben in der weiten Prärie vorbereitet, sondern zu wertvollen Mitgliedern einer auf Leistung getrimmten Industriegesellschaft geformt werden sollten, währte das nicht lange. Wir bekamen eine Kinderuhr, ein Aufgabenheft und einen Kalender.

Außerdem wurden die wesentlichen Zeitvorstellungen unserer Gesellschaft auf unsere Festplatte übertragen, Sätze wie »Beeil dich«, »Mach nicht so langsam«, »Das musst du bis um drei erledigen«, »Schnell, schnell, du kommst sonst zu spät«, »Der Zug hat schon wieder fünf Minuten Verspätung«, »Wie lange soll ich denn noch warten?«, »Na, wird's bald?«

Wir lernten, Zeit zu sparen. Dass Schnelligkeit gut und Langsamkeit etwas Furchtbares ist. Dass den Letzten die Hunde, die Eltern, die Lehrer oder die Vorgesetzten beißen. Dass Zeit knapp ist, sie irgendwie davonläuft und nicht zurückgedreht werden kann, und – am schlimmsten – dass sie abläuft. Dass dann alles vorbei ist, weil wir nur dieses eine Leben haben.

Andere Kulturen sind da etwas großzügiger. So geht man in Indien traditionell davon aus, wiedergeboren zu werden. Die den fleißigen Zeitsparern so verhasste Mañana-Mentalität (»Was du heute kannst besorgen, das verschiebe doch auf morgen«) vieler südlich gelegener Länder kennt keine Zeitknappheit und keine Hetze, jedenfalls nicht, solange sie unverfälscht ist. Allerdings sind die westlichen Zeitvorstellungen auf dem Vormarsch. Deshalb wird auch diesen Kulturen die Zeit wahrscheinlich schon bald ausgehen.

Möglich ist jedoch auch, dass unsere Gesellschaft umdenkt und alle Menschen wieder mehr Zeit haben. So lange brauchen Sie nicht zu warten. Sie können mithilfe Ihres Bewusstseins selbst bestimmen, ob Sie der Tradition folgen und unter Zeitmangel leiden wollen oder lieber ein neues Zeitgefühl lernen wollen.

Lernen

Keinem von uns wird Zeitknappheit in die Wiege gelegt. Als Babys und Kleinkinder hatten wir alle Zeit der Welt (jedenfalls, wenn wir nicht in einer Hochbegabten-Frühförderungs-Kita gelandet sind). Ein Tag, eine Woche, ein Jahr sagten uns noch nichts. Wir waren einfach da, und das war auch gut so.

Gerade heute habe ich wieder einen vielleicht zweijährigen Jungen beobachtet, den irgendeine Kleinigkeit am Wegesrand, ein Stöckchen oder Steinchen, völlig in Beschlag genommen hatte, während seine Mutter vergeblich versuchte, ihn zum Weitergehen zu bewegen.

Erst nach und nach wird uns beigebracht, uns unter Zeitdruck zu setzen: »Beeil dich! Zieh dir schnell die Jacke über und trödel nicht so! Husch, husch, husch!« Wem wurden nicht die traditionellen »Werte« der Hetze und Zeitknappheit beigebracht? Wessen »Festplatte« ist frei davon?

Ich kann mich noch an die Zeit erinnern, als ich ungefähr 10 Jahre alt war und Stunden über Stunden damit verbracht habe, mit meinem Roller umherzufahren und überall stehen zu bleiben, wo es etwas Interessantes zu entdecken gab. Das konnte eine Baustelle sein (davon gab es schon in den 1960er-Jahren genug in Berlin!), eine Straßenecke, ein Kiosk mit reicher Auswahl an Comic-Heften und Groschenromanen oder die zweite Anlieferung frischer Brötchen in meiner Lieblingsbäckerei am späten Nachmittag. An den Geschmack dieser Brötchen, aber auch an den der Freiheit dieser Tage denke ich noch heute gern zurück.

Ich glaube, wir machen einen Fehler, wenn wir unseren Kindern kaum noch zutrauen, ohne »Animation« ein gutes Leben zu führen. Jede Minute wird verplant, und schon mancher Vierjähriger benötigt einen Terminkalender. (In dem Alter wird dieser noch stellvertretend von seinen Eltern geführt.) Spätestens von Fünfjährigen wird zunehmend erwartet, dass sie etwas leisten, und zwar in möglichst kurzer Zeit möglichst viel. Manche rebellieren dagegen und werden später zu »Aussteigern«. Andere versuchen, sich anzupassen bis zu dem Punkt, an dem sie nicht mehr still sitzen können und sich nicht länger als einige Minuten auf eine Sache zu konzentrieren vermögen.

Hindernisse

Etliche von uns haben das Leistungsdenken des Schneller-Höher-Weiter auch in ihre vermeintliche Freizeit übernommen.

Käme es im Urlaub tatsächlich auf die bestmögliche Erholung an, müssten viele zu Hause bleiben und sich einfach mal ausschlafen. Stattdessen sind unsere Urlaubsziele Belege dafür geworden, ob wir »es« geschafft haben. Und wer auf die Frage: »Na, wo fährst du hin?« nicht: »Nach Patagonien« oder »mit dem Motorrad die Route 66 entlang« antwortet, sondern: »Nach Hildesheim, Freunde besuchen«, hat beim Urlaubsquartett sofort verloren.

Wir haben die gesellschaftlichen Gewohnheiten verinnerlicht. Die traditionellen Zeitvorstellungen haben uns im Griff. Aber: Umdenken und alternatives Handeln sind jederzeit (!) möglich und beginnen in unserem Kopf, einem Ort, der mindestens ebenso spannend ist, wie eine Reise ans Ende der Welt.

Glücklicherweise gibt es nicht nur Fast Food, Kurse im Schnelllesen und Anleitungen, wie man blitzschnell lernt, noch mehr in noch kürzerer Zeit zu schaffen, sondern Gegenpole wie zum Beispiel die Slow-Food-Bewegung. Ausgehend von der wiederentdeckten Idee, natürliche Lebensmittel so lange reifen zu lassen, bis sie am besten schmecken, hat sie sich auf die Fahnen geschrieben, Essen und Trinken bewusst zu genießen, sowohl was die Zubereitung als auch den Konsum angeht.

Genuss braucht Zeit. Das müssen wir – nein, wir müssen nicht, aber wir können es! – nach unseren Menüs im Schnellimbiss und dem allgegenwärtigen Coffee-to-Go erst wieder begreifen.

Lernen

Manche Menschen haben beim Slow-Travelling schon entdeckt, dass man eine Reise viel intensiver erlebt, wenn man keine Kilometer frisst, sondern sich Zeit lässt, damit die Seele nachkommen kann.

Mir gefällt auch die Idee, sich in fremden Städten absichtsvoll zu »verlaufen«, indem man zum Beispiel mit einer Straßenbahn der Linie 4 in unbekannte Gefilde aufbricht, die jenseits der touristischen Sehenswürdigkeiten liegen, aber gerade deshalb so interessant sind.

Ja, wir können dem Die-Zeit-rast-Wahn bewusst etwas entgegensetzen und ein Stück weit wieder zu Vierjährigen werden, die einen einfachen Baumstamm oder eine Sandkuhle um die Ecke so viel aufregender finden als den weit entfernten aufwendigen und kostspieligen »Freizeitpark«.

Wie bei allen Gewohnheiten benötigen wir allerdings das richtige mentale Handwerkszeug und die Geduld, um Neues zu etablieren. Wenn wir wieder Zeit haben wollen, führt kein Weg daran vorbei, umzudenken, uns damit auseinanderzusetzen, wie wir selbst zu unserem Zeitstress beitragen, und immer wieder die Erfahrung zu machen, dass wir so viel Zeit haben, wie wir uns zugestehen.

Die wahren Zeiträuber

Das Einzige, was Sie daran hindern kann, Zeit zu haben, sind Ihre Gedanken. Aber wie können Sie »Ihre« Gedanken, die man Ihnen als Kind beigebracht hat (eigentlich sind es

Hindernisse

die Gedanken der anderen, Sie haben sie nur verinnerlicht und bisher nie infrage gestellt), erfolgreich ändern?

Fragen Sie sich zuerst, mit welchen Gedanken Sie sich die Zeit stehlen. Vielleicht reden Sie sich unbewusst Dinge ein wie

- Heute muss ich *unbedingt* noch: erstens ..., zweitens ..., ..., ..., hundertstens ...
- Es ist *wahnsinnig wichtig*, dass ich bei diesem Ereignis dabei bin!
- Ich könnte *nicht ertragen*, wenn ich dieses Event verpasse.
- Wenn ich diese Aufgaben nicht gleich fertig habe, bin ich ein *Versager*.
- Ich darf mich *keinesfalls* ausruhen, bevor ich XY erledigt habe.

Spüren Sie die Dramatik, die in all diesen Sätzen mitschwingt?

Es ist das reinste Katastrophen-Kopfkino, das hier läuft. Dabei sind Sie selbst DrehbuchautorIn und RegisseurIn dieses Streifens. Sie haben die Macht, solche Szenen umzuschreiben, wenn Sie wollen.

Manchmal fallen einem beim ersten Nachdenken noch keine Alternativen ein. Es braucht Entschlossenheit, Kreativität und Zeit, um sie zu finden. Erschwerend kommt hinzu, dass man die zeitraubenden Gedanken so selbstverständlich akzeptiert. Der erste Schritt besteht deshalb darin, diese Glaubenssätze infrage zu stellen:

- »Stimmt denn das?«
- »Helfen mir diese Vorsätze, Zeit zu haben?«

Die wahren Zeiträuber

- »Wie würde jemand, der in Zeitfülle lebt, die Sache angehen?«
- »Was hindert mich, es genauso zu machen?«
- »Wie könnte ich anders darüber denken?«
- »Angenommen, es gäbe für mich einen Weg. Wie sähe der aus?«

Als erste Hilfe funktioniert oft auch, sich bewusst zu machen, dass es sich nur um zeitraubende Gedanken handelt, und dass man nicht alles glauben muss, was man denkt. So begeben Sie sich für einen Moment in die Beobachterposition: »So, so, ich bin ja ganz schön hektisch drauf gerade. Was rede ich mir denn alles ein, damit es so ist?«

Experimentieren Sie einmal damit, alle Muss- und Darf-nicht-Sätze in Könnte-Sätze umzuschreiben. Aus »ich muss unbedingt« wird »ich könnte eventuell«, aus »ich darf nicht« wird »ich könnte vielleicht auch«.

Streichen Sie außerdem die Dramatisierungen und ersetzen beispielsweise »es ist wahnsinnig wichtig« durch »es ist relativ bedeutsam« oder durch »einige halten das für extrem wichtig.«

Oder Sie probieren es schlicht und einfach mit dem Gegenteil: »Ich muss jetzt noch« wird zu »ich muss überhaupt nicht, und schon gar nicht jetzt«.

Sich von allem Überflüssigen zu befreien, beginnt damit, sich von allen Gedanken zu lösen, die diesem Ziel im Weg stehen. Diese helfen uns kein bisschen, selbstbestimmter und freier zu leben, sondern sorgen nur dafür, dass wir uns ohnmächtig fühlen.

Hindernisse

Drücken Sie solche Gedanken nicht weg (was eh nicht funktioniert). Nehmen Sie sie wahr – aber nicht für wahr. Gedanken kommen und gehen. Was geht uns täglich nicht alles durch den Kopf?! Schärfen Sie Ihren Möglichkeitssinn. Experimentieren Sie mit neuen Ideen.

Zuerst fühlt sich das vielleicht ungewohnt und irgendwie fremd an. Aber mit der Zeit wird Ihnen bewusst, wie flexibel Sie in Ihrem Denken und Handeln geworden sind. Und das Beste daran ist: Sie haben mehr Zeit für das Wesentliche!

Die anderen

In Abwandlung eines bekannten Sprichwortes könnte man sagen: »Es kann die Entspannteste nicht in Zeitfülle leben, wenn es den gehetzten Mitmenschen nicht gefällt.« Ja, es ist schon ein ständiges Schwimmen gegen den Strom, sich von dem allgegenwärtigen Zeitdruck nicht beeindrucken zu lassen.

Schließlich können wir nicht einfach »Nö« sagen, wenn der Chef uns eine vermeintlich dringende Sache zur sofortigen Bearbeitung aufträgt. Also, wir könnten schon, würden aber eventuell unseren Arbeitsplatz gefährden.

Für solche Fälle brauchen wir eine langfristige Strategie. Schließlich ist auch die 40-Stunden-Woche, die heute in Deutschland überwiegend gilt, erkämpft worden. Wenn da nicht Menschen gewesen wären, die ein Recht auf Freizeit gefordert und durchgesetzt hätten, würden wir heute noch vom Morgengrauen bis in die Nacht für irgendeinen Fürsten schuften.

Das Recht auf Freizeit ist übrigens in Artikel 24 der Allgemeinen Erklärung der Menschenrechte verbrieft. Und wie es in Artikel 1 unseres Grundgesetzes heißt, bekennt sich das deutsche Volk zu unverletzlichen und unveräußerlichen Menschenrechten als Grundlage jeder menschlichen Gemeinschaft, des Friedens und der Gerechtigkeit in der Welt. Eine Gesellschaft, die über freie Zeit verfügt (um nicht zu sagen eine Freizeitgesellschaft), ist das von unserer Verfassung angestrebte Ideal.

Falls Sie in einem Unternehmen arbeiten, in dem Zeitdruck noch an der Tagesordnung ist, können Sie herausfinden, ob Sie als ZeitpionierIn allein auf weiter Flur stehen oder ob es gleich gesinnte KollegInnen gibt. Zusammen lassen sich erfahrungsgemäß leichter Änderungen im Betriebsablauf erreichen.

Oft wissen die, die den Druck machen, sich schlicht nicht besser zu helfen, wären aber intelligenten Lösungen gegenüber aufgeschlossen. Und falls aus Machtaspekten Druck erzeugt wird, kann man diesem Spiel durch zur Schau getragene Entspanntheit ein Stück von seiner Attraktivität nehmen. Gelegentlich wird man bei diesen Überlegungen jedoch erkennen, dass es mehr Sinn macht, über eine andere Firma oder sogar eine andere Arbeit nachzudenken.

Aufgeschlossene Unternehmer wie Ricardo Semler haben die traditionellen Vorstellungen, wie Arbeit organisiert werden muss, auf den Kopf gestellt. Seine Mitarbeiter genießen weitgehende Mitbestimmung über alle Fragen des Konzerns. Bezahlte Auszeiten sind ausdrücklich erwünscht.

Hindernisse

Die Umsätze und Einkommen sind für jeden Beschäftigten transparent. Das ist vorbildlich und könnte der kommende Standard werden.

Semler hat das väterliche Unternehmen damit vor dem Ruin gerettet und zusammen mit der Belegschaft trotz wirtschaftlich unruhiger Zeiten zu einem florierenden Unternehmen entwickelt. Das ist umso erstaunlicher, als unsere WirtschaftsexpertInnen und -politikerInnen doch gebetsmühlenartig behaupten, zu viel Freizeit, Transparenz und Mitbestimmung seien tödlich für die Wirtschaft.

Semlers Buch »Das Semco-System« wird antiquarisch inzwischen wie Gold und Diamanten gehandelt. Schade, dass es nicht mehr lieferbar ist. Wer englisch versteht, kann sich allerdings für ein paar Euro die englische Ausgabe »Maverick« besorgen. Und wer portugiesisch spricht, findet auf der Unternehmenswebsite von Semco vermutlich weitere interessante Informationen.

Auch außerhalb der Arbeitswelt müssen sich viele unserer Mitmenschen erst daran gewöhnen, dass wir für Hektik und Zeitnot nicht mehr zur Verfügung stehen und dass wir infrage stellen, ob eine Arbeit überhaupt von uns und gar sofort erledigt werden muss.

Jeder, der aufhört, zu rasen, ist eine Herausforderung für die anderen. Das müssen die erst mal verkraften. Jede Zeitpionierin begibt sich in Widerspruch zu den gesellschaftlichen Überzeugungen und muss damit rechnen, zuerst ignoriert, dann verlacht oder sogar bekämpft und erst ganz zum Schluss anerkannt zu werden.

Seit es Menschen gibt, haben ErfinderInnen daran gearbeitet, Zeit zu sparen, um sich und anderen das Leben leich-

Die anderen

ter zu machen. Es wurde das Rad erfunden, um Dinge nicht mehr mühselig von A nach B schleppen zu müssen. Es wurden Pferde und Kamele gezähmt, damit sie uns viel schneller ans Ziel bringen, als es uns zu Fuß möglich wäre. Es wurden Flugzeuge und Waschmaschinen entwickelt, damit alles noch fixer geht. Und was hat uns das alles gebracht? Ist der Zeitdruck etwa weniger geworden? Da stellt sich die Frage: Wo wollen wir eigentlich hin? Was soll das alles werden, wenn es fertig ist?

Wenn Sie wieder einmal nach einem anstrengenden Tag aus der Puste sind, gehen Sie doch einmal Ihre von morgens bis abends geleisteten Aktivitäten durch und fragen sich dabei: »War das wirklich nötig? Hätte ich dieses oder jenes auch mit weniger Aufwand tun können? Will ich das in Zukunft weiter so machen?«

Um sich blindem Aktionismus und Zeitdruck zu entziehen, braucht es eine Portion Selbstsicherheit. Das könnte zum Beispiel so aussehen:

A: »Kannst du schnell noch mal x besorgen?«

B: »Brauchen wir x denn wirklich?«

A: »Wir haben immer x genommen.«

B: »Lass es uns diesmal ohne versuchen.«

A: »Himmel, es kann doch nicht so schwer sein, kurz x zu holen.«

B: »Du hast recht, schwer ist es nicht, aber wir brauchen x nicht.«

A: »Warum kannst du mir nicht einfach mal helfen?«

B: »Ich helfe dir gerne, aber nur, wenn es sinnvoll ist.«

A: »Sei doch nicht so egoistisch. Jetzt muss ich mich auch noch selbst um x kümmern.«

B: »Lass uns ein Experiment machen. Wir versuchen es ohne x.«

A: »Ich glaub's nicht, aber okay, probieren wir es.«

Zu jedem, der Zeitdruck erzeugt, gehört jemand, der sich solchen Druck machen lässt, sonst wäre es vorbei mit dem Zeitstress.

Manchmal stellt sich sogar überraschend heraus, dass beide Seiten es lieber ruhiger angehen lassen würden.

A: »Lass uns doch am Sonntag in den Harz fahren und eine Wandertour machen!«

B: »Hmm, ich hatte eine ziemlich anstrengende Woche. Wollen wir nicht lieber hier gemütlich in den Stadtpark gehen und uns einfach ins Gras legen?«

A: »Echt, das reicht dir?«

B: »Ja, das wäre toll!«

A: »Super, ich hatte auch genug um die Ohren, dachte aber, du willst was Besonderes unternehmen.«

ZeitpionierInnen brauchen Mut, um sich in die unbekannten Gefilde des Müßigganges vorzuwagen. Aber sonst wären es ja auch keine WegbereiterInnen!

Innere Antreiber

Noch schwieriger, als sich gegen äußere Antreiber zur Wehr zu setzen, kann es sein, die inneren Antreiber lahmzulegen. Und letztlich schaffen es die äußeren Antreiber ja ohnedies nur, uns unter Druck zu setzen, wenn sie auf eine innere Resonanz stoßen.

Ich habe oben bereits erwähnt, dass wir häufig noch unsere Eltern oder Erzieherinnen im Ohr haben, die uns ständig zur Eile mahnten. Wenn wir nicht gegensteuern, lassen wir uns auch als Erwachsene noch davon bestimmen. Kein von außen kommendes Hindernis kann so wirksam sein wie unsere inneren und verinnerlichten Vorbehalte gegen Zeitfülle.

»Muss nicht jeder, der einen guten Job haben will, sich entsprechend ranhalten?«

»Work hard, play hard: Da ist was dran, oder?«

»Sind nicht alle, die langsam machen, lahme Enten?«

»Roste ich nicht, wenn ich raste?«

»Bin ich zu alt, wenn ich bei diesem hohen Tempo nicht mehr mithalten kann?«

»Werde ich mich nicht langweilen, wenn ich weniger unternehme?«

Diese und ähnliche Fragen stellen sich viele von uns. Fallen Ihnen ein paar Gegenargumente ein, mit denen Sie die inneren Antreiber wenigstens verunsichern können?

Ein besonders gefährliches Zeitmonster ist für viele der Perfektionismus. »Hier muss unbedingt noch etwas getan werden. Das kann so nicht bleiben«, sagen die Betroffenen, die davon infiziert sind. Das Glaubensbekenntnis aller PerfektionistInnen lautet: »Das geht noch viel besser!«

Man hat etwas geschafft. Die Sache ist erledigt. Aber ist sie auch wirklich gut geworden? Wirklich? Wirklich??? »Da muss Ich noch mal ran«, sagt man sich und steht bereits mit beiden Füßen in der Zeithölle.

»Allzu gut ist liederlich«, heißt es. Sie haben bestimmt

auch schon die Erfahrung gemacht, dass ewiges Pusseln – abgesehen von dem unsinnigen Zeitaufwand – eine Sache am Ende sogar noch verderben kann. Da hilft es, sich immer wieder aufs Neue daran zu erinnern, worauf es eigentlich ankommt.

Der innere Antreiber fordert nicht nur qualitative Höchstleistungen, sondern auch quantitative. Er bekommt den Hals nicht voll. Eine Möglichkeit, ihm Grenzen zu setzen, besteht darin, sich vor einer neuen Unternehmung zu fragen, ob man es auf dem Sterbebett wirklich bereuen wird, darauf verzichtet zu haben? Oder wird es einem leidtun, von einer Sache zur anderen gehetzt zu sein und niemals Nein gesagt zu haben?

Voraussichtlich trifft das Letztere zu. Es gibt Studien, die besagen, dass Menschen am Ende ihres Lebens vor allem bedauern, zu viel gearbeitet und zu wenig Zeit für ihre Familie und ihre Freunde gehabt zu haben. Diese Sterbenden mahnen uns, die Prioritäten in unserem Leben anders zu setzen, als es allgemein propagiert wird. Nehmen wir ihren Rat lieber an, damit uns nicht dasselbe passiert!

Muss?

Kaum ein anderer Gedanke verleitet uns so sehr dazu, unsere Prioritäten zu verraten und keine Zeit für das Wesentliche zu haben, wie der Irrglaube, man müsse so weitermachen wie gewohnt.

»Ich würde ja gerne mehr Zeit haben«, sagen Sie vielleicht, »aber ich muss eben viel arbeiten/mich um meine Kinder kümmern/meinen Betrieb am Laufen halten/meine Eltern pflegen/...« (setzen Sie an dieser Stelle bitte Ihr höchstpersönliches Muss ein. Vielleicht sind es auch gleich mehrere).

Muss-Gedanken sind Zeitmonster und Glückskiller. Wer muss, ist getrieben. Wer muss, sieht keine Alternativen. Wer muss, kann nicht anders. Die Welt der Muss-DenkerInnen ist eng und grau. Auf die Frage: »Wie geht's?« antworten sie: »Muss ja.«

»Muss« tritt meistens zusammen mit »Sollte« und »Darf nicht« auf. Es ist ein Trio Infernale.

»Du musst dies«, »du solltest jenes«, »du darfst das nicht«, sagen andere zu uns. Noch schlimmer ist, dass wir selbst auf diese Weise mit uns reden. Offenbar lieben Menschen es, sich zu (großen oder kleinen) DiktatorInnen aufzuschwingen und sich, den anderen und am besten gleich der ganzen Welt Vorschriften zu machen.

Wie könnte ein Ausweg aus diesem Dilemma aussehen?

Stellen Sie das Muss infrage: Ja, Sie haben Pflichten übernommen, aber wer schreibt Ihnen vor, wie Sie diese im Einzelnen erfüllen? Ja, andere erwarten von Ihnen ein bestimmtes Verhalten, aber sind Sie deswegen dazu verpflichtet? Ja, es kann Zeiten geben, in denen Sie sich mehr auf die Schultern geladen haben, als Sie tragen können, aber müssen Sie es deshalb zum Dauerzustand machen?

Machen Sie eine Kosten-Nutzen-Analyse. Die Kosten sind klar: Muss-Überzeugungen schaden uns fast immer, weil sie überflüssigen Druck erzeugen und verhindern, dass wir so leben, wie wir es »eigentlich« wollen. Sie verengen unseren Blick auf eine einzige Möglichkeit. Wer muss, denkt verkrampft. Er hat sich selbst eine Zwangsjacke angelegt. Und versuchen Sie mal, in einer Zwangsjacke entspannt zu bleiben! Sehen Sie einen Nutzen in den Muss-Überzeugungen?

Ersetzen Sie jedes diktatorische »Muss« durch weniger rigide Worte. Beispielsweise so:

»Ich muss das Arbeitspensum in meinem Betrieb schaffen!« Nein, ich kann mich darum bemühen, aber ich könnte mich auch nach einem weniger hektischen Job umsehen.

»Ich muss meinen Kindern eine perfekte Mutter sein!« Nein, ich kann ihnen auch eine unperfekte, aber gelassene Mutter sein.

»Ich muss mich um meine alten Eltern kümmern!« Nein, ich kann mich kümmern, aber ich darf mir dabei so viel Unterstützung von professionellen Pflegekräften holen, wie ich brauche.

Spüren Sie Ihre persönlichen Muss-Überzeugungen auf und lassen Sie sich alternative Sätze einfallen, die Sie überzeugen. Damit lockern Sie Ihr Denken auf und befreien sich aus der Umklammerung der absoluten Forderungen. Erinnern Sie sich daran, wenn die Zeit- und Stressmonster wieder angreifen.

Aber bauen Sie sich dabei bitte keinen neuen Druck auf. Sie wissen ja, Sie müssen überhaupt nichts. Sie müssen nicht einmal von Ihren Muss-Überzeugungen lassen.

Muss?

Ja, aber

Alle, die schon versucht haben, Gewohnheiten zu ändern, kennen das: Wir haben uns entschlossen, unserem Leben eine neue Richtung zu geben, und sind drauf und dran, die ersten Schritte zu machen. Und dann kommen die Zweifel.

»Was ist, wenn es mir nicht gelingt? Bin ich dann nicht schlechter dran als vorher? Bin ich dann nicht ein Versager? Alle werden über mich lachen! Ist es überhaupt das richtige Ziel, wenn ich jetzt schon zweifle? Eigentlich hat mein Leben doch vorher auch funktioniert. Warum also dieser Aufwand? Irgendwie fühlt sich das falsch an!« Mit solchen Gedanken kann man sich tatsächlich Knüppel zwischen die Beine werfen.

Gewisse Zweifel können allerdings nützlich sein. Vielleicht macht es Sinn, noch ein wenig am Ziel zu feilen oder vor allem Korrekturen am Weg vorzunehmen. Möglicherweise sind die Schritte zu groß und überfordern uns im Moment. Warum die Brechstange bemühen, wenn nebenan eine Tür nur angelehnt ist?

Anders, wenn sie eine selbstquälerische Note haben. Haben wir uns schon so an Zeitknappheit und Hetze gewöhnt, dass wir glauben, gar nicht mehr anders zu können? Sind wir im Innersten überzeugt, ein besseres Leben nicht verdient zu haben?

Das einfachste Mittel gegen Zweifel besteht darin, trotz unserer Vorbehalte unbeirrt weiterzumachen. Alle unsere Ja aber-Einwände sind nichts weiter als Gedanken. Man muss sie nicht unbedingt furchtbar ernst nehmen. Mit der Zeit verschwinden sie meist von allein. Entscheidend ist

Hindernisse

jedoch, dass sie uns nicht hindern, uns von allem Überflüssigen zu befreien. Nehmen Sie Ihre Zweifel wahr, aber geben Sie ihnen nicht die Macht, Ihr Ziel zu torpedieren.

Oder wir zweifeln die Zweifel an: »Ja, es gelingt mir eventuell nicht ... Aber ich will es wenigstens versuchen.« »Ja, einige könnten mich auslachen ... Aber was ist daran so schlimm?« »Ja, es ist ungewohnt ... aber das ist am Anfang immer so.« »Ja, es sind Risiken damit verbunden ... Aber auch eine Menge Vorteile!«

Wer will, findet Wege, wer nicht will, Gründe: Das könnte Ihr neues Leitmotiv werden. Überprüfen Sie noch einmal das Ziel und den Weg. Ist es das, was Sie wirklich wollen? Wenn ja, lassen Sie Zweifel Zweifel sein und gehen Sie los!

Prophezeiungen

Niemand kann in die Zukunft sehen. Deswegen lesen Menschen gerne Horoskope, hören Wetterprognosen und lassen sich von zahllosen ExpertInnen die Weltlage im Allgemeinen und im Besonderen deuten. Warum auch nicht? Solange wir uns bewusst machen, dass die Zukunftsszenarien nicht mehr als Möglichkeiten sind. Es könnte so kommen, es muss aber nicht.

Voraussagen werden zu Hindernissen, wenn wir sicher davon ausgehen, dass unsere negativen Annahmen auch tatsächlich eintreten werden. Prophezeiungen haben nämlich die Eigenschaft, sich selbst zu erfüllen, weil wir dazu neigen, uns entsprechend unseren Erwartungen zu verhalten.

Paul Watzlawick hat das auf amüsante Weise in einer Geschichte beschrieben, in der ein Mann sich gern einen Hammer von seinem Nachbarn borgen würde. Der Mann spielt die Situation vor seinem geistigen Auge durch. Und da er Pessimist ist, glaubt er nicht, dass seine Bitte Erfolg haben könnte. Nein, im Gegenteil: Je länger er darüber nachdenkt, desto sicherer wird er sich, dass der Nachbar ihn rüde abweisen werde. Am Ende hat der Mann sich so in die erwartete Ablehnung und seinen Zorn darüber hineingesteigert, dass er dem Nachbarn, als dieser auf sein Klingeln freundlich die Tür öffnet, nur noch wütend zuruft: »Behalten Sie Ihren verdammten Hammer!«

Etliche Menschen haben noch als Erwachsene damit zu kämpfen, dass Eltern, Verwandte oder LehrerInnen ihnen eine böse Zukunft vorhergesagt haben (»Aus dir wird nie was!«). Wer jahrelang wegen seines legeren Umgangs mit der Zeit getadelt wurde, braucht eine große Portion Selbstliebe und Selbstvertrauen, um zu begreifen, dass solche Aussagen zwar etwas über die Person verraten, die sie ausspricht, jedoch nichts über den Menschen, dem der Satz gilt.

Die Worte der Eltern hängen meist wie ein Damoklesschwert über den Betroffenen, die es wagen, dem elterlichen Rat nicht zu folgen. Sie stellen einen guten Nährboden für Zweifel dar: »Wer weiß, ob das gut geht? Darf man wirklich tun, was einem wichtig ist? Ist es in Ordnung, Zeit zu haben? Sollte man es nicht doch besser so machen wie alle anderen? Und sich keine Gedanken darüber machen, wo die eigenen Prioritäten liegen?«

Hindernisse

106

Aber auch hier zeigt sich wieder, dass negative Vorhersagen nur dann ihre Wirkung tun, wenn ich selber daran glaube und in meinen inneren Selbstgesprächen genauso demotivierend mit mir rede, wie das andere getan haben.

Wir sehen hauptsächlich das, was wir erwarten, habe ich oben geschrieben. Das bedeutet, dass alles, was aus diesem Raster fällt, für uns praktisch nicht existiert. Wenn wir erwarten, dass Zeitknappheit und Hetze im Leben typisch sind, sehen wir überall nur Menschen, die sich in Nebensächlichkeiten verlieren, die sich abrackern und die verlernt haben, sich Pausen zu gönnen. Wir halten es für normal und glauben sogar: Das muss so sein. Alle, die ein anderes Leben führen, nehmen wir entweder nicht wahr, oder wir halten sie für Künstler oder Verrückte.

Deshalb ist es ein gutes Zeichen, wenn Sie mehr und mehr Menschen wahrnehmen, die ihr eigenes Ding machen, die sich überlegt haben, was ihnen wichtig ist und was nicht, und die konsequent das Unwichtige ignorieren. Für sie ist der Tag lang genug.

Gier

Keiner gibt gerne zu, dass er gierig ist, und doch ist Gier ein weiteres, selbst geschaffenes Hindernis auf dem Weg zu mehr Zeit. Es ist nicht immer die Gier nach Geld; auch das Streben nach Anerkennung und Erfolg kann einen dazu verleiten, sich zu viele Termine aufzuladen.

Wer möchte nicht beliebt sein? Aber wenn das dazu

führt, dass man nie Nein sagt, bedeutet es vermutlich, dass man die Ablehnung anderer fürchtet, und dahinter stünde dann der unbedingte Wunsch nach Liebe und Anerkennung.

Wünsche sind okay. Wunschloses Glück ist eine Illusion. Deshalb macht es nichts, wenn man jede Menge Wünsche hat. Nur muss man aufpassen, dass aus dem Wunsch keine Gier wird. Wo liegt der Unterschied? Bei Gier klammert man sich an das begehrte Objekt. Man meint, die Welt gehe unter, falls man es nicht erlangt.

Wünsche dagegen kann man leicht wieder loslassen. Man bewahrt sich ein Bewusstsein dafür, dass von der Wunscherfüllung nicht alles abhängt, schon gar nicht das Glück.

Darin liegt bereits der Schlüssel, wie man Gier erkennt und sich von ihr befreien kann. Wenn Sie wie ein Ertrinkender nach etwas greifen und meinen, ohne das Objekt Ihrer Begierde nicht oder nur schwer leben zu können, dann haben Sie die Grenze vom Wunsch zur Gier eindeutig überschritten.

Höchste Zeit, sich klarzumachen, dass es viele Wege gibt, um glücklich zu werden. Sie sind weder von einem bestimmten Menschen noch von einem konkreten Gegenstand noch von wünschenswerten, immateriellen Gütern wie Anerkennung oder Erfolg abhängig.

Ja, es ist manchmal schmerzhaft, wenn sich Wünsche nicht erfüllen, oder man etwas, das man sehr mochte, wieder verliert. Aber es ist weder schrecklich, noch kann man es nicht aushalten. Einige Wünsche gehen in Erfüllung, andere nicht oder nur vorübergehend.

Hindernisse

Im Prinzip geht alles vorüber. Einfach deshalb, weil das Leben endlich ist. Schon deshalb macht es keinen Sinn, sich an Menschen oder Dinge zu klammern. Auf den ersten Blick scheint dies widersinnig. Klammert man sich nicht gerade deshalb an etwas, weil man weiß, dass man es verlieren oder erst gar nicht bekommen könnte?

Da man nichts auf Dauer besitzen kann – Menschen ohnehin nicht –, ist es besser, von vornherein eine entspannte Einstellung zu seinen Wünschen zu entwickeln. Es lebt sich leichter. Leider ist es im Leben vieler Menschen so, dass nicht sie die Dinge, sondern die Dinge sie besitzen. Deshalb spricht man ja auch davon, jemand sei von einer Sache besessen.

Nun lautet die schlichte Wahrheit jedoch ein weiteres Mal, dass es nicht die Dinge sind, die die Gier auslösen, sondern die Gedanken, die zu dem Verlangen führen. Gedanken wie »Ich muss das unbedingt haben«, »Ich kann es mir auf keinen Fall erlauben, da nicht teilzunehmen«, »Es wäre furchtbar, wenn ich das verliere«.

Ändern Sie Ihre Gedanken, und werden Sie frei von Gier. Finden Sie überzeugende Gründe, warum Sie diese Person oder diese Sache nicht um jeden Preis haben bzw. behalten müssen, dass Sie nicht überall dabei sein müssen und dass es bedauernswert ist, etwas Angenehmes zu verlieren, aber keine Katastrophe.

Der Preis ist sonst sehr hoch. Gerade, indem Sie klammern, verlieren Sie Ihr Glück – und oft auch Ihre Zeit.

Versuchungen

Bleiben wir noch ein wenig bei dem Thema Gier. Es ist eine verbreitete Annahme, die Außenwelt besitze die Macht, einen zu verführen. Viele sprechen sich die Fähigkeit ab, Versuchungen widerstehen zu können. Ihr Wille sei zu schwach. Sie würden überwältigt von der Schönheit, dem Geschmack, dem Duft, dem Klang der begehrten Objekte.

Diese Überzeugung entwickelt eine unglaubliche Dynamik. Sie steht hinter dem Verlangen, immer mehr haben zu wollen. Sie treibt viele bis zur völligen Erschöpfung. Es ist wichtig zu erkennen, dass es nicht nur die tatsächlichen oder eingebildeten Pflichten sind, die einem die Zeit für das Wesentliche rauben, sondern auch die Sucht nach den angenehmen Dingen.

Heute stürmen so viele Reize auf uns ein, auch verlockende, dass wir es schwer haben, das meiste davon als überflüssig einzuordnen. Es ist alles so schön. Die Versprechungen der Werbung tun ein Übriges. Leicht zu bekommende Kredite machen es einfach, sich in einen Konsumrausch zu steigern.

Am Ende gibt es oft ein böses Erwachen. Statt die wahren Bedürfnisse zu befriedigen, hat man nur eine Menge Spielzeug eingesammelt. Die Konten sind leer, aber irgendwie müssen die Kredite trotzdem bedient werden. Die finanzielle Freiheit ist dahin. Also behält man den ungeliebten Job. Der Stress ist groß, und die Zeit für die Herzensangelegenheiten ist knapp geworden. Der übertriebene Konsum hat sich als Falle erwiesen.

Alles beginnt mit dem Irrtum, dass mehr gleichbedeu-

Hindernisse

tend mit besser sei. Die Rechnung, dass 50 Paar Schuhe besser seien als 10, geht aber nicht auf. Die Logik, wenn ein Auto gut sei, müssten zwei, drei oder vier noch viel besser sein, erweist sich als falsch.

Darauf, dass größer nicht zwangsläufig schöner sei, hat bereits der britische Ökonom Ernst Friedrich Schumacher in seinem Buch »Small ist beautiful« hingewiesen. Gier ist ein schlechter Ratgeber. Versuchungen, so attraktiv sie einem auf den ersten Blick auch scheinen mögen, gehören genauso zum Überflüssigen wie die Zeitmonster, die als Antreiber auftreten. Sie haben nur das Gewand gewechselt.

Gehen Sie nicht dem Irrtum auf den Leim, dass irgendetwas in der Außenwelt Sie verführen könne. Das entscheiden allein Sie. Das Zauberwort heißt Selbstverantwortung. Der Kampf, ob Sie Versuchungen, die Ihnen die Zeit für Wichtigeres stehlen, nachgeben, spielt sich nicht zwischen der Verlockung und Ihnen, sondern in Ihrem Inneren ab.

Sie werden immer Gründe finden, Ihre Zeit für etwas Verlockendes, aber Überflüssiges zu verschwenden. Genauso könnten Sie sich stattdessen überzeugen, es lieber zu lassen.

Nehmen wir an, Sie erhalten eine Einladung von Freunden zu einem gemeinsamen Essen. Sie würden jedoch lieber die Zeit allein mit Ihrer Familie verbringen, weil Sie in letzter Zeit schon so viele Verabredungen hatten. Nun ist allerdings diese Einladung besonders verlockend. Ihre Freunde kochen ausgezeichnet. Es wird immer viel erzählt und gelacht. Sie haben sie schon so lange nicht mehr gesehen. Ihr Mann hat schon Zustimmung signalisiert. Ihre Kinder würden sich auf die Kinder Ihrer Freunde freuen.

Können Sie da noch Nein sagen? Es wäre leichter, der Versuchung nachzugeben.

Oder Ihr Arbeitgeber macht Ihnen ein verlockendes Angebot. Sie sollen ein neues, prestigeträchtiges Projekt übernehmen und 30 Prozent mehr Gehalt bekommen mit der Aussicht einer Beförderung bei erfolgreicher Projektabwicklung. Nun haben Sie allerdings gerade mit dem Gedanken einer Arbeitszeitverkürzung gespielt, um mehr freie Zeit zu haben. Dürfen Sie eine solche Gelegenheit, die vielleicht nie wiederkommt, ablehnen?

Trotzdem

Kommt Ihnen eine der folgenden Situationen bekannt vor?

1. Sie hatten sich ein bestimmtes Ziel gesetzt. Ihre Umgebung versuchte, Sie davon abzubringen, indem sie Ihnen einredete, es würde Ihnen nicht gelingen und Sie sollten es lieber von vornherein lassen. Sie ließen sich jedoch nicht beirren und schafften es. Sie waren glücklich und zufrieden über Ihren Erfolg.

2. Es hätte Sie gereizt, einen bestimmten Traum zu verwirklichen. Ihre Umgebung sagte, Sie hätten das Zeug dazu und Sie sollten es unbedingt versuchen. Sie jedoch glaubten nicht daran. Da Sie sich nicht trauten, wurde aus dem Vorhaben nie etwas.

3. Sie waren auf dem Weg, ein Vorhaben, das Ihnen viel bedeutete, zu realisieren. Dann haben Sie sich aber von anderen verlockenden Dingen ablenken lassen. Aus dem

Vorhaben wurde nichts, was Sie heute noch bedauern. Die Verlockungen erwiesen sich als Falle.

4. Eigentlich sprach alles dagegen, dass sich Ihr Wunsch jemals erfüllen würde. Es fehlten Ihnen das Geld, die Informationen, die Ausbildung, die Unterstützung durch andere, das Selbstvertrauen, die Gesundheit oder sonst etwas. Trotzdem hatten Sie Ihr Ziel stets vor Augen. Im Laufe der Zeit ergaben sich Gelegenheiten, die Sie dankbar ergriffen. Gegen alle Wahrscheinlichkeit wurde Ihr Wunsch wahr.

5. Ihre Eltern, Verwandten, Lehrer und Ausbilder haben es Ihnen eher schwer als leicht gemacht. Politik und Gesellschaft haben Ihnen mehr Steine in den Weg gelegt als Brücken gebaut. Aber Sie haben sich geschworen, sich davon nicht unterkriegen zu lassen. Trotz ungünstiger Umstände haben Sie viele Ihrer Ziele erreicht.

6. Ihre Ausgangsbedingungen waren eigentlich günstig: freundliche Eltern, fähige Lehrer, eine angenehme Verwandtschaft, eine offene Gesellschaft und gute, stabile politische Verhaltnisse. Sie wussten aber nie genau, was Sie eigentlich wollten. Sie finden Ihr Leben okay, aber richtig zufrieden sind Sie nicht.

Ohne Träume und ohne die richtige Einstellung ist es nahezu unmöglich, glücklich zu werden. Andererseits können einen die äußeren Umstände auf Dauer kaum aufhalten, wenn man weiß, was man will, und konstruktiv, das heißt die eigenen Bedürfnisse unterstützend, denkt.

Das gilt auch für den Wunsch, Zeit zu haben. Wie immer Ihre derzeitigen Verhältnisse sind: Wenn Sie sich genau überlegen, wofür Sie Zeit haben möchten, die Erfüllung Ihrer Träume grundsätzlich für möglich halten, und Sie sich Ihre Ziele nicht ausreden bzw. ausreden lassen, werden Sie über kurz oder lang Wege finden, die zu Ihren Zielen führen.

Mir gefällt ein Zitat von Michael Jordan, dem vielleicht besten Basketballspieler aller Zeiten, in diesem Zusammenhang besonders gut: »Ich habe über 9000 Mal in meiner Karriere daneben geworfen. Ich habe fast 300 Spiele verloren. 26 Mal hat man mir den spielentscheidenden Wurf anvertraut: vergeblich. Ich habe immer und immer und immer wieder in meinem Leben versagt. Und das ist der Grund, warum ich erfolgreich bin.«

Sein Ausspruch ist eine schöne Version des Sprichworts: Wer nicht wagt, der nicht gewinnt. Viele möchten nichts riskieren. Sie scheuen Misserfolge und Ablehnung. So kann man jedoch keinen Erfolg haben – und keine Zeit.

Bedeutsame Ziele erreicht man nur trotz aller äußeren und inneren Widerstände.

SCHRITTE

Wenn Sie sich überlegt haben, was für Sie im Leben wirklich zählt, sind Sie auf dem Weg zur Befreiung von allem Überflüssigen schon ein ganzes Stück vorangekommen.

Außerdem wissen Sie, dass die größten Hindernisse in Ihnen selbst liegen und wie Sie es trotzdem schaffen, auf Kurs zu bleiben.

Alles, was jetzt noch zu tun bleibt, ist das konkrete, tägliche Handeln gemäß Ihren Vorsätzen. Das ist bekanntlich nicht leicht. Alte Gewohnheiten im Denken, im Fühlen und im Verhalten wollen Sie immer wieder in Ihre vertrauten Muster zurückzwingen.

Aber es ist möglich, auch diese Herausforderung zu bewältigen. Das beweisen Millionen Menschen, die sich beispielsweise das Rauchen abgewöhnt oder dauerhaft ihr Gewicht verringert haben. Daher ist es kein utopisches Ziel, mehr Zeit für das Wesentliche zu gewinnen.

Erlernen Sie die Kunst der kleinen Schritte. Und vielleicht motiviert es Sie zusätzlich, von nun an Ihre Wünsche und Träume an erste Stelle zu setzen, wenn Sie im Kapitel

»Lizenz zum Glücklichsein« erfahren, was Sterbende am meisten bedauern.

Trippeln oder rennen?

Wenn man sich für ein Ziel entschieden hat und die Vision eines schöneren Lebens vor sich sieht, ist die Versuchung groß, dieses Ziel so schnell wie möglich erreichen zu wollen.

Beim Losstürmen kann einem allerdings schnell die Puste ausgehen. Besser ist es oft, sich seinem Ziel in kleinen Schritten zu nähern. Wir überschätzen meist, was wir an einem Tag schaffen können, und unterschätzen, was in einem Jahr möglich ist. Alle WeltmeisterInnen wenden dieses System der stetigen, kleinen Schritte an. Nur Amateure stürzen los und müssen oft wenig später den Wettkampf abbrechen.

Sie machen dann zu Unrecht den sogenannten inneren Schweinehund für ihr Aufgeben verantwortlich. Dabei ist dieser unser Freund, der uns davor bewahren möchte, zu viel in zu kurzer Zeit zu ändern. Menschen sind seit Anbeginn so angelegt, dass sie eine gewisse innere Hemmung verspüren, sobald sie ihr Leben komplett umkrempeln wollen. Jede grundlegende Änderung könnte eine Gefahr für das Überleben bedeuten. Deshalb wurde jedem/r von uns ein persönlicher Schweinehund an die Seite gestellt, der bei jeder lebensverändernden Maßnahme beginnt, unfreundlich zu knurren.

Besser ist es, das Ziel auf so sanfte Weise anzusteuern, dass der Schweinehund gar nicht richtig mitbekommt, was

Schritte

da eigentlich im Gange ist, und beruhigt weiter vor sich hin döst. Wichtig ist nur, dass Sie sich täglich ein Stückchen auf Ihr Ziel zubewegen. Das wirkt zwar nicht so heroisch, aber es ist wirksamer und nachhaltiger.

Gut, eine Ausnahme gibt es: Am Beginn einer Veränderung kann es vorteilhaft sein, so viel zu tun, dass man bereits ein Stück vom neuen Leben sieht. Umso stärker ist die Motivation, weiterzumachen. Vielleicht schaffen Sie es, Ihren Schweinehund währenddessen mit einem schönen Knochen zu beschäftigen. Danach sollten Sie alsbald ein gemächlicheres Tempo anschlagen.

Nicht nur der innere Schweinehund macht bei Veränderungen Ärger, sondern auch die Menschen um uns herum versuchen manchmal, uns Steine in den Weg zu legen. Sei es, weil sie selbst nie geschafft haben, was Sie jetzt anstreben. Sei es, weil es für sie persönlich negative Auswirkungen hat oder haben könnte.

Auf Ihrem Weg zur Zeitfülle sind Sie auf Ihre persönlichen Herzensangelegenheiten fokussiert und lassen sich nicht mehr so leicht wie früher von anderen für deren Ziele einspannen. Sobald Ihre Mitmenschen sehen, dass Sie nicht mehr ständig von A nach B hecheln, könnten sie auf die Idee kommen, Ihnen weitere Aufgaben zu übertragen: »Du hast doch Zeit, könntest du mal eben ...« Ihre Antwort: »Nein, ich habe keine Zeit, ich bin intensiv dabei, mein Leben zu entschleunigen«, werden nicht alle sofort ohne Widerrede akzeptieren.

Für Ihre Motivation ist es also wichtig, nicht zu viel und nicht zu wenig in Angriff zu nehmen. Führen Sie sich täglich vor Augen, welche Fortschritte sie bereits gemacht

Trippeln oder rennen?

haben. Wie viele Punkte standen gestern auf Ihrer Tunix-Liste? Welche könnten Sie heute noch hinzufügen? Was tun Sie heute, das Sie Ihren wesentlichen Anliegen näherbringt?

Entkräften Sie Ihre hinderlichen Gedanken: »War das nicht doch ein bisschen egoistisch, dass ich mich gestern geweigert habe, für X die Konzertkarten zu besorgen?« »Nein, überhaupt nicht. X versucht ständig, mich einzuspannen, und weiß gar nicht, welche Mühe seine ›kleinen‹ Gefälligkeiten bereiten. Ich muss nicht immer pflegeleicht sein.«

Feiern Sie Ihre Fortschritte! Schreiben Sie sich am besten auf, von wo aus Sie gestartet sind, und tragen Sie Ihre täglichen Erfolge auf dem Weg zur neuen Zeitfülle ein. Man vergisst sonst leicht, was einem schon geglückt ist. Außerdem erleichtert so ein Erfolgsjournal, sich sein Ziel immer wieder bewusst zu machen. Es trägt dazu bei, sich nicht mehr über Druck, sondern über die Freude zu motivieren, das, was einem wichtig ist, mehr und mehr zu leben.

Seine Gewohnheiten zu ändern, ist keine Kleinigkeit. In den Zeiten, in denen man Neues ausprobiert, ist es notwendig, seinen Autopiloten teilweise abzustellen. Dazu kommen wir jetzt.

Die Ohnmacht der Gewohnheit

Üblicherweise ist von der Macht der Gewohnheit die Rede. Wenn wir eine Gewohnheit ändern wollen, fühlt es sich tatsächlich so an, als hätten die bisherigen Denk-, Gefühls-

und Verhaltensmuster Macht über uns. Doch das stimmt nicht. Sobald wir unser Bewusstsein einschalten, haben die Gewohnheiten keine Chance mehr.

Praktisch sieht das so aus: Morgens um 7.00 Uhr klingelt Ihr Wecker. Sie wuchten sich um 7.03 Uhr aus dem Bett, um ins Bad zu gehen. Um 7.15 Uhr sind Sie tageslichttauglich. Um 7.30 haben Sie gefrühstückt, und um 7.35 Uhr gehen Sie aus dem Haus zur Arbeit und so weiter und so fort.

Das alles ist die Folge Ihres irgendwann einmal gefassten Beschlusses, Geld mit einer Arbeit zu verdienen, die Ihnen im besten Fall sogar Spaß macht. Seitdem läuft der Morgen montags bis freitags bei Ihnen so ab wie beschrieben. Sie müssen nicht mehr im Einzelnen darüber nachdenken, wann Sie aufstehen wollen, sondern machen es einfach.

Manchmal brauchen Sie einen Moment, um sich klar zu werden, ob Sie nur träumen, ins Bad zu gehen, oder tatsächlich schon auf dem Weg zur Dusche sind. Und manchmal passiert es, dass der Wecker klingelt und Sie feststellen, dass Wochenende ist und Sie liegen bleiben können. Normalerweise schaltet Ihr Bewusstsein Ihre wochentägliche Routine am Samstag und Sonntag ab und geht in den Wochenendmodus.

Ihr Bewusstsein kann die Automatik abschalten, umgekehrt ist das nicht möglich. Wäre zum Beispiel am Dienstagmorgen plötzlich Ihr linkes Auge zugeschwollen, würden Sie die übliche Routine unterbrechen, einen Termin bei der Augenärztin vereinbaren und im Büro Bescheid geben, dass Sie später kommen, oder sich krankschreiben lassen.

Gewohnheiten sind an sich eine prima Sache, weil Denken anstrengend ist und man nicht ständig konzentriert sein kann. Solange uns bewusst bleibt, dass wir die Gewohnheiten selbst in Gang gesetzt haben und diese jederzeit, falls wir uns umentscheiden wollen, wieder ändern können, ist alles gut. Nur wenn wir anfangen zu glauben, unsere Gewohnheiten könnten uns beherrschen, bekommen wir Probleme.

Gewohnheiten zu ändern, ist sogar bei Zwangsstörungen möglich, also wenn man zum Beispiel dreißigmal kontrolliert, ob man den Herd auch wirklich ausgeschaltet hat. Früher hielten PsychologInnen und ÄrztInnen solche Störungen für unheilbar.

Aus der Hirnforschung wissen wir inzwischen von der Plastizität des menschlichen Gehirns. Es bleibt ein Leben lang formbar. Durch die Art und Weise unseres Denkens und Handelns entscheiden wir darüber, wo sich Nervenbahnen bilden und wie dick oder dünn diese werden.

Unseren üblichen Denk- und Verhaltensgewohnheiten entsprechen »Autobahnen« im Gehirn, während unsere untypischen Impulse nur schmale »Feldwege« anlegen, die wir nach und nach ausbauen müssen, wenn wir sie halbwegs komfortabel benutzen wollen. Meistens sind wir so bequem, dass wir lieber die »Autobahn« nehmen, also der Gewohnheit folgen, statt uns auf Entdeckungstour zu begeben und uns neue Wege zu erschließen.

Was das Denken angeht, bleiben wir oft lieber bei unseren irrationalen Überzeugungen, mit denen wir uns letztlich schaden, als uns die Mühe zu machen, sie infrage zu stellen und durch vorteilhaftere zu ersetzen. Wie gesagt: Denken ist anstrengend. Es ist einfacher, den Weg des geringsten Widerstandes zu gehen.

Schritte

Ein weiteres Problem kommt hinzu: In der Regel werden die Änderungen nur dann nachhaltig sein, wenn es uns gelingt, auch unser Selbstbild entsprechend zu modifizieren. Als ZeitpionierInnen hören wir nach und nach auf, uns mit der Hektik zu identifizieren (»Ich habe eben Hummeln im Hintern«), und bauen entsprechend eine andere Identität auf (»Mich bringt kaum etwas aus der Ruhe«).

Hierbei können die Vorbilder von Nutzen sein, die Sie hoffentlich für sich entdeckt haben. Was haben Menschen nicht alles geschafft, was zuvor als ausgeschlossen galt! Sobald eine Person den Mythos der Unmöglichkeit widerlegt hat, haben auch andere sich nicht mehr durch ihre limitierenden Überzeugungen bremsen lassen. Genauso können Sie schaffen, was Sie sich vorgenommen haben.

Dafür brauchen Sie nur zwei Dinge: den Glauben, Ihr Ziel erreichen zu können, und mindestens einen täglichen kleinen Schritt in die richtige Richtung. Beides geht Hand in Hand: Ihr Selbstvertrauen ermöglicht den ersten Schritt. Dieser stärkt Ihren Glauben. Dadurch erscheint Ihnen Ihr nächster Schritt machbar, was Ihr Selbstvertrauen weiter festigt, und so weiter.

Die angebliche Macht der Gewohnheit weicht der Macht des Bewusstseins.

Optimierung

Sagt Ihnen der Begriff »Kaizen« etwas? Er kommt aus dem Japanischen und bedeutet dort so viel wie »Veränderung zum Besseren«. Im engeren Sinn steht er für eine Strategie, die der japanischen Wirtschaft nach den verheerenden Verwüstungen des Zweiten Weltkriegs wieder auf die Beine half.

Die Ressourcen in Japan waren knapp. Probleme dagegen gab es reichlich. Große Sprünge zu machen, war ausgeschlossen. In dieser Situation machte der US-Amerikaner W. Edwards Deming die japanischen Manager mit seinen Vorstellungen vom Wiederaufbau des Landes bekannt.

Er empfahl, die zwar geringen, aber vorhandenen Mittel zu nutzen, Lösungen für die dringendsten Probleme zu entwickeln, und vor allem ganz, ganz kleine Schritte zu unternehmen, um die Situation nach und nach zu verbessern. Mehr war zunächst nicht drin.

Die Strategie erwies sich als so wirksam, dass Japan führend in verschiedenen Industriezweigen wurde. »Made in Japan« wurde zu einem Qualitätsmerkmal. Egal ob Autos, Taschenrechner, Videorekorder oder Musikanlagen: japanische Geräte wurden zu Verkaufsschlagern in der ganzen Welt.

Bezogen auf die persönliche Entwicklung hat der Begriff »Selbstoptimierung« leider bei etlichen einen schlechten Ruf. Das Misstrauen gegen alle Wörter, die mit »Selbst« anfangen, begann schon in den 1960er-Jahren, als die Älteren an die Decke gingen, sobald junge Leute von »Selbstverwirklichung« sprachen und nicht mehr alles ungeprüft einfach so weitermachen wollten wie die Eltern- und Großelterngeneration.

Sie stellten viele Fragen: was der Sinn des Lebens ist, ob die Kleinfamilie aufgelöst werden muss, was ein gutes

Leben ausmacht, und andere. Die meisten Älteren waren damit überfordert. Sie hatte schließlich auch keiner gefragt, was ihre Wünsche und Träume seien. Selbstverwirklichung, das überstieg ihr Vorstellungsvermögen.

Heute sind es die in die Jahre gekommenen einstigen Rebellen, die bei dem Begriff »Selbstoptimierung« misstrauisch werden. Ist das nicht bloß eine Strategie des Großkapitals, um das Letzte aus den Menschen herauszuholen? Wem nützt es, sich ständig zu verbessern?

Es ist schon eigenartig, dass Menschen, die sich weiterentwickeln wollen, immer wieder auf ideologische Vorurteile stoßen. Was soll falsch daran sein, positive Veränderungen in Gang zu setzen? Was soll schlimm daran sein, bei sich selbst damit anzufangen? Was ist bedenklich daran, an sich zu »arbeiten«, wenn es sich nicht bloß auf die äußere Erscheinung beschränkt? Was ist leichter, als nach Veränderungen der »Gesellschaft« zu rufen, selbst aber untätig zu bleiben?

Ist es nicht seltsam, darauf zu beharren, selbst auf jeden Fall so zu bleiben, wie man ist, und sich bloß um alles in der Welt nicht ändern zu müssen, als sei das das Schlimmste, was einem widerfahren könne? Wem nützt es eigentlich, wenn jeder so weitermacht wie bisher?

Es ist kein Phänomen der Neuzeit, dass Menschen Dinge, die ihnen unvollkommen erscheinen, optimieren. Der Buchdruck beispielsweise war eine Weiterentwicklung der Schriftrollen. Das war vor Jahrhunderten. Heutige Verbesserungsbestrebungen reichen vom Rezept für den besten Käsekuchen über Möglichkeiten, die Dächer der Großstädte für Gemüseanbau und Fischzucht zu nutzen, bis zur Reduzierung des CO_2-Ausstoßes auf ein Maß, das unseren Lebensraum nicht im Meer versinken lässt, und zur Debatte darüber, wem weltweit was gehört und wer warum kaum etwas besitzt.

Sicher lässt sich darüber diskutieren, ob es bestimmte Probleme ohne die Lösungsversuche der Menschen vielleicht überhaupt nicht gäbe. Aber der Status quo hilft genauso wenig weiter. Neues Denken ist gefragt. Das gilt auch für die Abschaffung der Zeitknappheit. Oder anders gesagt: Die beharrliche, schrittweise Änderung des eigenen Denkens und Verhaltens lässt Zeitfülle entstehen. Wer blind herumhetzt, kommt nicht mehr zum Nachdenken. Und wem nützt das, bitte schön?

Die JapanerInnen haben notgedrungen Kaizen, die Strategie der kleinen, stetigen, nie endenden Verbesserungen entwickelt. Nicht sprunghafte Innovationen, sondern allmähliche Weiterentwicklungen führten zum Erfolg. Kaizen ist eine kluge Methode, die sich am natürlichen Wachstum in der Natur orientiert. Kein Baum schießt von einem Tag auf den anderen in die Höhe. Kein Mensch ist von heute auf morgen erwachsen.

Durch das langsame, sanfte Wachstum lassen sich feine Justierungen vornehmen, die bei abrupten Neuerungen ausgeschlossen wären. Man fährt sozusagen auf Sicht und braust nicht im Raketentempo aufs Ziel zu. Fehler, die sich im Entwicklungsprozess offenbaren, werden nicht als hinderlich angesehen, sondern als wichtige Informationen in den Optimierungsprozess einbezogen.

Auch Sie können Kaizen nutzen, um sich allmählich von der Zeitknappheit zur Zeitfülle zu bewegen. Dazu brauchen

Schritte

Sie keinen fertig ausgearbeiteten Plan für die nächsten Jahre, sondern nur einen ersten kleinen Schritt in die richtige Richtung und dann noch einen und noch einen, bis Sie schließlich feststellen, dass Sie Ihr Leben auf eine Weise verbessert haben, die Sie am Anfang nie für möglich gehalten hätten.

Lizenz zum Glücklichsein

Je mehr Sie davon umsetzen, was Ihnen am Herzen liegt, desto erfüllter wird Ihr Leben. Sie tun das, was Ihnen am meisten bedeutet, und lassen jenes, was für Sie überflüssig ist. Sie nutzen Ihre Zeit sinnvoll und stopfen Ihre Tage nicht mehr mit Tätigkeiten voll, von denen Sie früher geglaubt haben, diese erledigen zu müssen.

Nehmen Sie diese Dinge nicht auf die leichte Schulter. Sonst gehören Sie womöglich zu denen, die am Ende ihres Lebens großes Bedauern empfinden. Die Autorin Bronnie Ware hat herausgefunden, dass es vor allem fünf Dinge sind, die Menschen auf ihrem Totenbett bereuen.

Sterbende wünschen sich, sie hätten den Mut gehabt, ihr eigenes Leben zu leben, und nicht ein Leben, welches andere für sie vorgesehen hatten. Erinnern Sie sich? Selbstbestimmung ist das Zauberwort. Nur wer seine ureigensten Träume verwirklicht, kann wirklich glücklich werden und sein Dasein zufrieden beschließen.

Sterbende wünschen sich, sie hätten nicht so hart gearbeitet. Machen Sie nicht denselben Fehler. Jetzt ist noch

Zeit. Eine sinnvolle Tätigkeit trägt zum guten Leben bei, aber übertreiben Sie es nicht. Gestatten Sie sich ein Dasein jenseits von Mühe und Überlastung. Niemand wird es Ihnen danken, wenn Sie sich kaputt schuften. Überlastung ist immer ein Zeichen dafür, dass entweder das Ziel nicht stimmt (»Ich muss unbedingt heute noch diese 300 Mails beantworten.«) oder die Art der Umsetzung verbesserungsbedürftig ist (»Das muss ich allein schaffen. Nur Verlierer bitten um Hilfe.«).

Sterbende bereuen, ihre Gefühle, insbesondere ihre Zuneigung anderen gegenüber, nicht genug ausgedrückt zu haben. Jedes Gefühl hat seine Berechtigung. Häufig halten wir uns jedoch mit Kritik, Ärger und sogar Hass davon ab, das Gute zu würdigen.

Menschen wünschen am Ende ihres Lebens, sie hätten den Kontakt zu ihren FreundInnen gehalten. Wer zu hart arbeitet, hat keine Zeit mehr für anderes. Dabei empfinden die meisten Menschen das tiefste Glück in Verbindung mit anderen. Wir sind eben keine Arbeitsroboter, sondern soziale Wesen.

Der fünfte Punkt ist, dass Sterbende wünschen, sie hätten sich erlaubt, glücklicher zu sein. Es ist bemerkenswert, dass die Personen, mit denen Bronnie Ware gesprochen hat, sich so bewusst waren, dass sie es selbst sind, die sich die Erlaubnis zum guten Leben hätten erteilen müssen, und es nicht die Umstände waren, die sie davon abgehalten haben.

Die geltenden Wertvorstellungen machen es keinem leicht, nach dem wahren Glück zu streben. Üblicherweise wird behauptet, dieses stelle sich automatisch ein, wenn man es geschafft habe, all die materiellen Güter in seinen

Besitz zu bringen, die von der Werbung und den Massenmedien propagiert werden. Fallen Sie nicht darauf herein.

Stellen Sie sich die Lizenz zum Glück noch heute aus, indem Sie sich auf Ihre eigenen Träume besinnen. Sie sind nur ein paar Gedanken davon entfernt.

Alles ist möglich

Wirklich? Alles??

Wir haben uns an anderer Stelle in diesem Buch daran erinnert, wie oft in der Geschichte der Menschheit irgendetwas als undurchführbar galt, das einige Zeit später dann doch getan wurde. »Einige Zeit«, das können schon einmal ein paar Hundert Jahre sein. Aber was sind schon Hunderte im Hinblick auf die zwei Millionen Jahre, seit es Menschen auf der Erde gibt.

Wir fliegen mit großen Kisten durch die Lüfte, schippern mit schwimmenden Hochhäusern über die Meere, kommunizieren per Mausklick in Sekundenschnelle mit Freunden am anderen Ende der Welt. Wer hätte das vor, sagen wir, zweihundert Jahren für realistisch gehalten?

Unterschätzen Sie daher nicht, was Sie zustande bringen können. Ihr persönliches Leben ist bis in die kleinsten Einzelheiten Ausdruck Ihres Bewusstseins: Wo Sie arbeiten, mit wem Sie zusammen sind, was Sie essen, womit Sie sich beschäftigen, ob Sie sich Zeit für die Umsetzung Ihrer Träume nehmen oder nicht.

Oft ist uns die Fähigkeit, unsere Realität zu schaffen, nicht oder nicht voll bewusst. Wir nehmen allzu schnell an, den Umständen ausgeliefert zu sein. Bestimmte Leute fördern diesen falschen Glauben. Sie suchen ihren Vorteil darin, wenn wir uns ohnmächtig fühlen. Verängstigte »Untertanen«, die sich ihrer Macht nicht bewusst sind, sind ideal für alle, die sehr genau wissen, was sie durchsetzen möchten, und dafür nur noch die notwendige »Manövriermasse« brauchen.

Aus ethisch inzwischen fragwürdigen Tierexperimenten wissen wir, dass Hunde, die mehrfach die Erfahrung machen mussten, dass sie sich vor Stromschlägen nicht wirksam schützen können, ihren Impuls, sich zu retten, dauerhaft aufgeben. Sie unternehmen keine weiteren Versuche mehr, selbst wenn ihnen später eine Zuflucht angeboten wird. Man nennt dieses Verhalten »erlernte Hilflosigkeit«. Erst wenn die Experimentatoren diese völlig entmutigten Tiere über die Barrieren schleppen, die sie von einem sicheren Ort trennen, erwacht ihre Hoffnung wieder. Sie ergreifen ihre Chance.

Vergleichbares passiert mit Kindern, die ständig entmutigt werden (»lass das, das kannst du nicht«; »setz dich hin und sei still«; »was hast du denn da schon wieder angestellt«; »versuch's lieber erst gar nicht, das wird doch nichts«). Ein Trommelfeuer solch pessimistischer und abwertender Kommentare führt gerade bei sensiblen Kindern leicht dazu, dass sie ihre Eigeninitiative aufgeben und sich nur noch passiv verhalten.

Wie viele von uns haben diese Art Hilflosigkeit erlernt? Wenn wir uns in einer Welt voller Möglichkeiten auf Pfaden bewegen mussten, die uns wenig Platz zur Entfaltung ließen, sind wir von diesen bedauernswerten Hunden gar nicht weit entfernt. Wir können alles, was wir einmal gelernt haben, auch wieder verlernen. So lästig das manchmal sein mag: Im Fall der erlernten Hilflosigkeit ist es ein großes Glück. Durch ständige (Selbst-)Ermutigung kommt das Vertrauen in die eigenen Kräfte (wieder) in Gang. Vielleicht ist uns nicht alles möglich, aber wir haben in der Regel sehr viel mehr Chancen im Leben, als wir glauben.

Das bedeutet nicht, dass wir unbedingt unsere Herzenswünsche erkennen und realisieren müssen. Jeder, der das andere vorzieht, kann so weitermachen wie gewohnt. Wir haben die Wahl, unsere Freiheit zu bejahen oder zu verneinen. Wir können sie nutzen oder in der Ecke verstauben lassen.

Und jetzt sind Sie dran: Wie werden Sie sich entscheiden?

ODER LIEBER SO?

Wo wir gerade beim Thema Möglichkeiten sind: Ich bin überzeugt, dass Sie mithilfe dieses Buchs eine reelle Chance haben, sich von allem Überflüssigen zu befreien, sich auf das zu konzentrieren, was Ihr Leben wirklich lebenswert macht, und sich durch nichts davon abhalten lassen, weder durch äußere Hindernisse noch durch die eigenen Gedanken.

Mir ist es selbst gelungen, viele meiner Träume zu verwirklichen, indem ich mir eine passende Anleitung gesucht und diese dann schrittweise umgesetzt habe. Das erspart einem nicht alle Fehler und auch nicht jeden Umweg, aber wieso sollte man das Rad ganz neu erfinden?

Ich habe in diesem Buch genau das gemacht, was ich Ihnen für Ihr Ziel empfehle: Ich habe das betont, was ich für wesentlich halte, und das, was mir überflüssig erscheint, weggelassen. Mir ist bewusst, dass dies nicht das übliche Zeitmanagementbuch ist. Meine eigenen Erfahrungen mit solchen Ratgebern sind negativ. Sie verlieren sich oft in den Details.

Dagegen ist es unentbehrlich, sich genau vor Augen zu

führen, was man möchte. Zumindest die Richtung sollte eindeutig sein. Alles andere ergibt sich unterwegs. Pläne sind dispositiv, die Wunschträume nicht.

Sich die eigenen Gedanken bewusst zu machen, gehört ebenfalls zu den unverzichtbaren Grundlagen. Wenn man sich selbst seine Ziele ausredet und nicht ans Gelingen glaubt, ist man verloren. Wenn man sich selbst zum Feind statt zum Freund hat, hat man ein echtes Problem. Im Vergleich dazu sind alle äußeren Barrieren harmlos.

Anders als FreundInnen und HelferInnen kann man selbst jederzeit zur Stelle sein, um sich zu motivieren, anzuspornen oder auch mal zu trösten, vorausgesetzt, man ist bereit, es zu lernen. Oft wird gesagt, man brauche unbedingt Unterstützung von außen. Zugegeben, diese kann entscheidend sein. Aber leider gibt es Situationen, die man ganz allein bewältigen muss.

Man muss nicht einmal an die AbenteurerInnen denken, die auf eigene Faust ganze Kontinente durchstreifen oder jahrelang allein über die Ozeane segeln. Es genügt schon, dass die beste Freundin wegzieht, man sich von seinem Partner trennt oder Probleme über einen hereinbrechen, bei denen die Familie auch keine Lösung weiß.

Deshalb geht mein erster Rat dahin, zunächst selbst Ideen zu entwickeln, was man will und wie man vorgehen möchte. An zweiter Stelle kommen dann die anderen möglichen HelferInnen.

Nehmen Sie jede Hilfe in Anspruch, die Sie finden können. Das Leben ist schon schwer genug. Man muss es sich nicht noch schwerer machen. Aber seien Sie wählerisch bei der Auswahl Ihrer HelferInnen.

Oder lieber so?

Das gilt auch für Bücher. Manche versprechen Ihnen das Blaue vom Himmel. Sie werden mit so vielen Checklisten und Tipps überschüttet, dass Sie kaum die Zeit haben werden, sie alle auszuprobieren oder auch nur zu lesen.

So gut ein Buch auch sein mag: Ein Problem kann es nicht lösen, nämlich das, ob die LeserInnen die Ideen tatsächlich anwenden. Manche kaufen sich lieber das nächste Buch in der Hoffnung, dass sich beim Lesen irgendwie etwas ändern werde. Man hat den Eindruck, voranzukommen, während man in Wirklichkeit nur ein Buch nach dem anderen verschlingt. Ich weiß, wovon ich rede, weil ich es jahrelang selbst so gemacht habe.

Da hilft nur eins: anfangen. Den ersten praktischen Schritt machen. Wenn man sich davor drückt, kann man sich jemanden suchen, der das gleiche Problem hat, und versuchen, sich gegenseitig zu unterstützen. Aber so eine Person muss man erst einmal finden!

Oder man macht es so: Man sucht sich einen Coach. Als ich vor 30 Jahren auf der Stelle trat, bestand die einzige Möglichkeit darin, eine gute TherapeutIn aufzuspüren. Allerdings war die Wahrscheinlichkeit groß, dann die nächsten Jahre über seine Kindheit zu reden, was natürlich praktisch gesehen genauso wenig änderte, als wenn man Bücher las.

Coaching, das war damals etwas für Sportler, und da auch nur für die Spitzenleute. Von denen hatte fast jeder einen Coach, mit dem sie über Motivation, Strategien und Taktiken, Fehlschläge, Verbesserungsmöglichkeiten und die nächsten Schritte sprechen konnten. Nicht zu Unrecht wird

Oder lieber so?

die Sportpsychologie gelegentlich als die »Wissenschaft vom Erfolg« bezeichnet.

Aber auch die SpitzensportlerInnen standen nach ihrer Karriere allein da. Sonst leisteten sich nur noch die Topmanager ein Coaching, um ihre Unternehmensziele zu fördern.

Seitdem hat sich eine Menge getan. Coaching verbreitet sich zunehmend. In Schulen, Verwaltungen, Betrieben haben heute viele die Gelegenheit, zumindest ein paar Coachingstunden in Anspruch nehmen zu können.

Und schließlich gibt es jetzt das größer werdende Angebot des Life Coachings. Es steht allen zur Verfügung, die aus eigener Initiative nach Verbesserungen in ihrem Privat- oder Berufsleben streben. Anders als in der Therapie geht es dabei nicht um Heilung, sondern um Entwicklung und Lernprozesse. Es wird nicht über die Vergangenheit, sondern über die Gegenwart und vor allem die Zukunft gesprochen, nicht nur über Probleme, sondern über konkrete Lösungsschritte.

Das ist es, was ich heute wählen würde, wenn ich nicht selbst Life Coach wäre. Inzwischen habe ich gelernt, mich selbst zu coachen, und wenn ich mal allein nicht weiterkomme, frage ich eine KollegIn um Rat.

Ich verhehle nicht, dass die Qualität der verschiedenen Coachs sehr unterschiedlich sein kann, aber das teilen wir mit ÄrztInnen und PsychologInnen, LehrerInnen und BäckerInnen. Schauen Sie sich um und bleiben Sie kritisch.

Es ist für jeden einfach, einen Coach zu beurteilen: Entweder man kommt seinen Zielen näher oder nicht. Im ers-

Oder lieber so?

ten Fall würde ich unbedingt weitermachen, im zweiten mir einen neuen Coach suchen.

Wie auch immer Sie es schaffen, mehr Zeit für das Wesentliche zu finden, ob allein mit diesem Buch oder mit einer zusätzlichen individuellen Unterstützung: Es lohnt sich! Ihr höchstpersönliches Leben wartet darauf, gelebt zu werden!

LITERATUR

Buckard, Christian: Moshé Feldenkrais. Der Mensch hinter der Methode. Berlin 2015

Feldenkrais ging es nicht nur um Bewegungen. Sein größtes Interesse bestand darin, den Menschen ein Leben zu ermöglichen, wie sie es sich vorstellten. Dieses großartig geschriebene Buch über die Methode und ihren Begründer ist eine weitere Gelegenheit, sich in Bewegung zu setzen.

Csikszentmihalyi, Mihaly: Flow. Das Geheimnis des Glücks. Stuttgart 2014

Der Autor mit dem schwer auszusprechenden Namen (tschik sent mihaji) hat sich sein Leben lang damit beschäftigt, was wir brauchen, um in einen Zustand zu kommen, in dem wir so versunken sind in unser Tun, dass wir die Zeit vergessen.

Fromm, Erich: Die Furcht vor der Freiheit. München 1993

Sich zu befreien, macht Angst, wenn man nicht weiß, wozu. Dann bleibt man lieber im alten Trott, auch wenn der äußerst unbefriedigend ist. Eine gelungene Analyse des

Konformismus und der Voraussetzungen eines selbstbestimmten, unabhängigen Lebens.

Goldstein, Elisha: Der Jetzt-Effekt: Sich mit dem gegenwärtigen Moment verbinden und das Leben verwandeln. Freiburg i. Br. 2014
Kann jeder so leben, wie er möchte? Haben wir überhaupt einen freien Willen? Elisha Goldstein meint ja. Zwischen Reiz und Reaktion gibt es einen kleinen Moment der Freiheit, in dem wir uns von alten Denk- und Verhaltensgewohnheiten lösen können. Indem wir diesen Jetzt-Effekt nutzen, gelingt es uns, etwas Neues zu beginnen.

Hohensee, Thomas: Der Buddha hatte Zeit
Leider im Moment vergriffen, aber noch antiquarisch erhältlich. In diesem Buch zeige ich, dass Zeitknappheit und Stress schon immer ein Problem waren und es zu allen Zeiten Menschen gab, die Alternativen gefunden haben.

Hohensee, Thomas: Gelassenheit beginnt im Kopf. München 2015
Anders, als die meisten glauben, entsteht Stress weder durch unsere Mitmenschen noch durch die Umstände. Mit unseren Gedanken bestimmen wir (überwiegend) unbewusst unsere Gefühle und unser Verhalten. Wenn Sie das verstehen, wissen Sie auch, wo Sie die verloren gegangene Zeit wiederfinden.

Maurer Robert: Kleine Schritte, die Ihr Leben verändern: Kaizen für die persönliche Entwicklung. Kirchzarten 2013

Literatur

Endlich mal jemand, der eine Lanze für die Strategie der kleinen Schritte bricht! Die erscheinen zwar nicht so heldenhaft, erfordern dafür aber auch keine übermenschlichen Anstrengungen. Falls Sie nicht Supermann oder Superfrau in Person sind, sollten Sie diesen Ansatz in Erwägung ziehen.

Maurer, Robert: The Spirit of Kaizen: Creating Lasting Excellence One Small Step at a Time. Columbus 2013
    Falls Ihnen das erste Buch von Maurer gefällt: Hier ist der nächste Band zum Thema.

Robin, Vicky; Dominguez, Joe: Your Money or Your Life. 9 Steps to Transforming Your Relationship with Money and Achieving Financial Independence. New York 2008
    In den USA ein Klassiker der Alternativszene (und weit darüber hinaus). Dominguez und Robin machen unmissverständlich klar, dass Zeit nicht Geld, sondern Leben ist. Jeden Dollar rechnen die Autoren in Lebenszeit um. Je mehr man kaufen will, desto länger muss man arbeiten. Und umgekehrt: Je weniger man auf materiellen Besitz aus ist, desto mehr freie Zeit hat man.

Schumacher, E. F.: Small is beautiful: Die Rückkehr zum menschlichen Maß. München 2016
    Wenn Sie sich dem Motto »Größer, schneller, weiter« verschrieben haben, dann ist dieses Buch nichts für Sie. Ernst Friedrich Schumacher, obwohl selbst Ökonom, war ein Gegner der unreflektierten Wachstumsideologie. Wer der Idee, dass der Mensch und nicht der Profit das Maß aller Dinge ist,

Literatur

jedoch etwas abgewinnen kann, wird an »Small is beautiful« seine Freude haben. Was das mit Zeit zu tun hat? Finden Sie es selbst heraus!

Semler, Ricardo: Das Semco-System. Management ohne Manager. München 1993 (auf Deutsch vergriffen, der Originaltitel: *Maverick: The Success Story Behind the World's Most Unusual Workshop* ist weiter lieferbar)

Wir brauchen alternative, humane Arbeitswelten. Sonst bleibt ein Leben ohne Zeitdruck für die meisten ein Traum. Semler geht mit seinen MitarbeiterInnen, was Mitsprache und Arbeitszeiten angeht, völlig neue Wege, und das sehr erfolgreich. Sein zweites Buch *The Seven-Day Weekend. A Better Way to Work in the 21st Century* ist nicht weniger provozierend. Das Besondere daran: Hier schreibt ein Praktiker, kein Theoretiker oder Utopist!

Smith, Manuel: Sag Nein ohne Skrupel: Die neue Methode zur Steigerung von Selbstsicherheit und Selbstbehauptung. München 2005

Können Sie ohne Angst und schlechtes Gewissen Nein sagen? Nein? Dann haben Sie bei Manuel Smith die Gelegenheit, es zu lernen und in Zukunft nur noch das zu tun, was Sie wirklich wollen.